낭송

**태
종
실
록**

낭송Q시리즈 조선왕조실록편 **낭송 태종실록**

발행일 2017년 10월 26일(丁酉年 庚戌月 丙戌日) | **풀어 읽은이** 김석연 |
펴낸곳 북드라망 | **펴낸이** 김현경 | **주소** 서울시 종로구 사직로8길 24 1221호(내수동, 경희궁의아침 2단지) |
전화 02-739-9918 | **이메일** bookdramang@gmail.com

ISBN 979-11-86851-64-7 04910 979-11-86851-62-3(세트) | 이 도서의 국립중앙도서관 출판시도서목
록(CIP)은 서지정보유통지원시스템 홈페이지(http://seoji.nl.go.kr)와 국가자료공동목록시스템(http://
www.nl.go.kr/kolisnet)에서 이용하실 수 있습니다.(CIP제어번호: CIP2017026213) | 이 책은 지은이와
북드라망의 독점계약에 의해 출간되었으므로 무단전재와 무단복제를 금합니다. 잘못 만들어진 책은 서점에
서 바꿔 드립니다.

책으로 여는 지혜의 인드라망, 북드라망 **www.bookdramang.com**

▶낭송Q시리즈 조선왕조실록편 『낭송 태종실록』 사용설명서◀

1. '낭송Q'시리즈의 '낭송Q'는 '낭송의 달인 호모 큐라스'의 약자입니다. '큐라스' (curas)는 '케어'(care)의 어원인 라틴어로 배려, 보살핌, 관리, 집필, 치유 등의 뜻이 있습니다. '호모 큐라스'는 고전평론가 고미숙이 만든 조어로, 자기배려를 하는 사람, 즉 자신의 욕망과 호흡의 불균형을 조절하는 능력을 지닌 사람을 뜻하며, 낭송의 달인이 호모 큐라스인 까닭은 고전을 낭송함으로써 내 몸과 우주가 감응하게 하는 것이야말로 최고의 양생법이자, 자기배려이기 때문입니다(낭송의 인문학적 배경에 대해 더 궁금하신 분들은 고미숙의 『낭송의 달인 호모 큐라스』를 참고해 주십시오).

2. 낭송Q시리즈는 '낭송'을 위한 책입니다. 따라서 이 책은 꼭 소리 내어 읽어 주시고, 나아가 짧은 구절이라도 암송해 보실 때 더욱 빛을 발합니다. 머리와 입이 하나가 되어 책이 없어도 내 몸 안에서 소리가 흘러나오는 것, 그것이 바로 낭송입니다. 이를 위해 낭송Q시리즈의 책들은 모두 수십 개의 짧은 장들로 이루어져 있습니다. 암송에 도전해 볼 수 있는 분량들로 나누어 각 고전의 맛을 머리로, 몸으로 느낄 수 있도록 각 책의 '풀어 읽은이'들이 고심했습니다.

3. 최고의 양생법이자 새로운 독서법으로서의 '낭송'을 처음 세상에 알린 **낭송Q시리즈의 시즌 1**은 **동청룡·남주작·서백호·북현무편**으로 이루어져 있으며, 사계절의 기운을 담고 있는 것을 특징으로 합니다. 동청룡편에는 봄의 창조적 기운, 남주작편에는 여름의 발산력과 화려함, 서백호편에는 가을의 결단력, 북현무편에는 지혜와 상상력을 키울 수 있는 고요함을 품은 고전들이 속해 있습니다. 각 편 서두에는 판소리계 소설을, 마무리에는 네 편으로 나눈 『동의보감』을 하나씩 넣었고, 그 사이에 유교와 불교의 경전, 동아시아 최고의 명문장들을 배열했습니다.

  ▷ **동청룡**: 『낭송 춘향전』, 『낭송 논어/맹자』, 『낭송 아함경』, 『낭송 열자』, 『낭송 열하일기』, 『낭송 전습록』, 『낭송 동의보감 내경편』

  ▷ **남주작** : 『낭송 변강쇠가/적벽가』, 『낭송 금강경 외』, 『낭송 삼국지』, 『낭송 장자』, 『낭송 주자어류』, 『낭송 홍루몽』, 『낭송 동의보감 외형편』

낭송
Q
시리즈

조선왕조실록편
02
—

낭송
태 종 실 록

김석연
풀어
읽음

티

▷ 서백호 : 『낭송 홍보전』, 『낭송 서유기』, 『낭송 선어록』, 『낭송 손자병법/오자병법』, 『낭송 이옥』, 『낭송 한비자』, 『낭송 동의보감 잡병편 (1)』

▷ 북현무 : 『낭송 토끼전/심청전』, 『낭송 도덕경/계사전』, 『낭송 대승기신론』, 『낭송 동의수세보원』, 『낭송 사기열전』, 『낭송 18세기 소품문』, 『낭송 동의보감 잡병편 (2)』

4. **낭송Q시리즈 시즌 2**는 고전과 몸 그리고 일상이 조화를 이루는 훈련으로서의 낭송에 초점을 맞추었습니다. **샛별편**에는 전통시대의 초학자들이 제일 먼저 배우며 가장 오래도록 몸과 마음에 새겨놓은 고전을 담았고, 원문으로 읽는 **디딤돌편**은 몸으로 원문의 리듬을 익혀 동양 고전과 자유자재로 접속할 수 있는 힘을 키울 수 있도록 했습니다. 또 **민담·설화편**은 입에서 입으로 전해지는 낭송의 진수를 보여 주는 우리나라 각 지역의 옛날이야기들을 모았습니다.

▷ 샛별편: 『낭송 천자문/추구』, 『낭송 명심보감』, 『낭송 격몽요결』

▷ 원문으로 읽는 디딤돌편: 『낭송 대학/중용』

▷ 민담·설화편: 『낭송 경기도의 옛이야기』, 『낭송 경상북도의 옛이야기』, 『낭송 경상남도의 옛이야기』, 『낭송 제주도의 옛이야기』(강원·충청·전라도의 옛이야기들도 근간 예정)

5. 낭송Q시리즈 **조선왕조실록편**은 낭송Q시리즈 시즌 2의 연장으로, 조선 태조로부터 철종에 이르기까지 25대 472년간의 역사를 연월일 순서에 따라 편년체로 기록한 조선왕조실록을 낭송에 맞게 새롭게 엮었습니다. 낭송을 통해 역사 속 인물과 당대의 일상이 생생하게 살아 있는 역사 현장을 경험하게 되었으면 하는 바람을 조선왕조실록편에 담았습니다. 먼저 『낭송 태조실록』, 『낭송 태종실록』, 『낭송 세종실록』, 『낭송 성종실록』을 선보입니다.

6. 낭송Q시리즈 조선왕조실록편인 이 책 『낭송 태종실록』은 조선의 3대왕 태종이 재위한 1401년 1월부터 1418년 8월까지 17년간의 역사가 담긴 『태종실록』을 풀어 읽은이가 그 편제를 새롭게 해서 각색하고 엮은 것입니다.

朝鮮王朝實錄

太宗實錄

낭송
태종실록

머리말

낭송 태종실록,
역사의 이면과 만나는 입구

1. 나는 왜 『태종실록』을 선택했을까?

2016년 봄, 처음 낭송집을 준비할 때였다. 『태조실록』과 『태종실록』 중 어느 것을 하겠냐는 선생님의 물음이 끝나자마자 난 "태종"를 외쳤다. 왜 태종이었을까? 나는 조선왕조실록 세미나가 시작되고 1년 뒤에 참여했다. 이때 세미나에서는 태종 10년을 읽고 있었다. 나는 태종 치세의 딱 절반부터 읽기 시작한 것이다. 그런데 그 절반에서 만난 태종은 내가 익히 알고 있었던 이방원의 모습과 달랐다. 그래서 못 읽고 지나간 태종 9년까지의 내용이 몹시 궁금했었다. 그런 차에 낭송집을 준비하게 됐고, 이 시간이 그 빈 공간을 채워 줄 절호의 기회로 여겨졌다.

한 나라의 흥망성쇠는 드라마나 영화의 흥미로운 배경이 되고, 권력의 중심에 선 인물은 매력적인 주인공감이다. 그래서인지 태종 이방원만큼 주기적으로 매체의 관심을 받는 인물도 드물다. 그러나 매체는 태종의 삶보다는 정안군靖安君 이방원의 삶을 집중해서 다룬다. 그래서 우리는 피비린내 나는 암투 끝에 왕위에 오른 이방원만을 기억하고, 이방원의 이야기는 여기에서 멈춘다. 그렇다면 우리는 이방원의 반쪽 삶만을 알고 있는 것이 아닐까? 나는 궁금했다. 이방원이 목숨을 걸고 쟁취한 왕위에서 어떻게 자신만의 특이성을 발휘했는지? 그는 그 시대 왕의 소명을 무엇이라 여긴 것인지? 그 소명을 어떻게 삶의 현장에서 구체화했는지? 조선을 수성한 왕으로서 태종 이방원의 진면목을 만나 보고 싶었다.

이방원이란 이름을 들으면 대개 정치 9단, 권모술수의 대가, 권력욕의 화신 등의 단어가 자연스럽게 떠오른다. 역사에 남겨진 그의 행보를 보면 기실 이런 비유들을 부정할 수는 없다. 고려 말 정몽주부터 조선 초 정도전과 남은, 조선 최초의 세자 이방석과 이방번, 처남인 민씨 4형제 그리고 사돈 심온(세종의 장인)의 죽음까지. 이렇게 그의 삶에는 굵직한 정치세력의 죽음이 늘 함께했으니 말이다. 그러나 이 죽음만을 두고 이방원을 권력욕의 화신으로 낙인찍는 것은 타당할까?

개국 후, 정도전의 세력은 막강했고, 태조는 막내아들 이방석(계비 강씨 소생)을 세자에 올렸으며, 사병을 보유한 공신세력 또한 강했다. 여러모로 신생 조선은 혼란의 불씨를 안고 있었다. 더욱이 개국을 주도했던 이방원은 국정에서 배제되었다. 실록에 남겨진 태종의 회고(태종 1년 11월 20일)처럼 그때는 죽음이 목전에 이른 절체절명의 순간들이었고, 상황을 종결시킬 결단이 필요한 시기였다. 물론 이방원에게 권력에 대한 욕망이 전혀 없다고 할 수는 없다. 그런 욕망이 없었다면 개국을 주도적으로 이끌지 않았을 테니 말이다. 그러나 정말 권력을 향한 개인적 욕망이 다였을까? 내가 실록에서 만난 이방원에게는 조선이라는 새나라에 대한 그만의 비전이 있었다. 그 비전을 펼쳐 내고픈 욕망! 이방원에게 가장 중요한 것은 조선 그 자체였던 것이다.

2. 눈물 많은 남자, 그렇지만 주도면밀한 왕, 태종

피바람 속에 왕위에 오른 태종이 눈물 많은 남자였고, 흥에 겨우면 덩실덩실 춤추는 왕이라면? 아마 상상력이 도를 넘었다고 할지 모른다. 이방원이란 캐릭터와 전혀 매치가 안 된다고 말이다. 그런데 상상이 아니라 『태종실록』에 남겨진 태종의 실제 모습이라면 어떻겠는가? 아버지 앞에서는 죄인이 되어, 가뭄 등 천재지변이 일면 자책하느라 눈물을 줄줄 흘리는 남자. 또 아버지, 종친, 신하들과 춤추며 기꺼이 즐거운 한때를 보내는 남자. 그리고 피로 얼룩진 과거로 인해 불안에 떠는 남자. 이렇게 실록 속에는 '인간' 태종의 이면들이 도처에 남겨져 있다.

　한편 『태종실록』 속 '군주'로서 태종의 모습을 한마디로 표현한다면 나는 단연코 '주도면밀한 왕'이라고 하겠다. 이런 주도면밀함은 공신세력을 축출하며 왕권을 강화하는 지점에서 빛을 발휘한다. 태종에게 입혀진 철혈군주라는 이미지 때문에 우리는 위협적인 공신세력의 제거와 왕권강화책의 대표로 꼽히는 육조 직계제六曹直啓制가 일시에 밀어붙여졌을 것이라고 생각한다.

그러나 뜻밖에도 태종은 항상 '때'를 기다린다. 그리고 일의 완급을 조절한다. 수도 없이 많은 날을 보내며 신하들의 말과 행동 하나하나를 살피고 상대의 잘못을 차곡차곡 모아두었다가 가장 시의적절한 때에 터뜨려 공론화한다. 그리고 상대가 빼도 박도 못하게 몰아붙인다. 이처럼 태종은 우리의 예상과 달리 칼이 아닌 '명분'을 통해서 서서히 왕권을 강화한다(누구보다 명분을 중요시하고 또 명분을 잘 이용할 줄 아는 왕이 태종이었다).

태종은 신생 조선을 안정시키기 위해서는 '강력한 왕의 주도'하에 법과 제도를 세워 나가는 정치 형태가 적절하다고 보았다. 그리고 그 작업은 치밀하게 이루어진다. 태종은 즉위하며 거대한 공신 집단을 추리기 시작한다. 자신의 정치를 현실화시키기 위해서는 뛰어난 소수의 인재만이 필요하다고 여겼던 것이다. 왕과 소수의 핵심 인물로 구성된 집단은 정책을 구상하고 실시하고 문제점을 파악하기에 용이했다. 결과적으로 이러한 태종의 정치 구상은 맞아떨어졌다. 이런 형태의 정책 집단이 갖는 효율성이 발휘된 것이다. 신생 조선은 빠르게 안정을 찾아갔다. 각 분야에 조선의 색이 입혀지기 시작한 것이다.

태종의 시대를 이끈 대표적 인물 하윤河崙, 그는 태종의 장자

방張子房: 중국 한나라의 건국공신이자 '조선 최고의 행정가'이다. 『태종실록』을 읽어 보면 태종의 시대는 곧 하윤의 시대이기도 했다. 이 시기 모든 정책은 하윤을 통해 이루어진다. 끊임없이 국정 전반에 걸쳐 새로운 정책을 구상하고 실행하며 문제점이 생기면 또 해결점을 찾아 또 다시 또 다시…. 물론 그가 제시한 모든 정책이 성공하지는 못했다. 너무 많은 정책을 쏟아내자 태종의 장인 민제로부터 정도전과 같은 운명이 될 것이란 말까지 듣기도 했다. 하지만 하윤은 죽는 순간까지 태종과 그리고 조선과 함께한 인물이었으며, 선진 중국의 문물을 우리 토양에 보급시키려고 각고의 노력을 한 인물임에 틀림없다.

백성의 마음을 잃은 왕을 독부獨夫라고 한다. 민심을 얻지 못하면 왕은 일개 남자에 불과해진다. 백성이 있어야 왕도 있는 것이다. 태종이 무엇보다 중요시한 것은 새 나라 조선에서 백성들이 느낄 수 있는 애민의 구체성이었다. 이 당시 백성들의 의식을 장악하고 있던 것은 패망한 국가 고려의 문화였다. 즉, 백성들은 명칭은 조선의 백성이지만 실질적인 삶은 고려의 백성인 상태로 있었던 것이다. 태종은 백성들의 의식을 '조선'으로 모으는 것이 시급한 과제임을 알았다. 그러나 아무리 급한들 어떻게 백성들의 의식을 일시에 바꿀 수 있겠는가. 태종은 각종 제도의 실시에 적절한 조율이 필요하다고 보았다. 유학을 근간으로 한 제도의 영향력이 백성들의 삶 속에 서서히 스며들어야 했다. 그런 기반이 형성되어야 조선의 백성으로 강화되고 조선의 문화가 자리 잡을 수 있다고 본 것이다. 주도면밀한 왕, 태종! 태종은 이 렇게 자신의 시대를 만들어 갔다.

3. 『낭송 태종실록』의 구성

『태종실록』(1401년 1월~1418년 8월)은 태종이 재위한 17년 8개월간의 역사 기록으로, 36권 16책으로 묶여 있다. 정식 이름은 『태종공정대왕실록』太宗恭定大王實錄이며, 현재 필사본인 정족산본鼎足山本과 인본印本인 태백산본太白山本이 남아 있다. 태종은 정종 2년(1400) 11월에 즉위했고, 즉위한 해의 기록은 『정종실록』에 수록되었다.

  세종 4년(1422) 5월에 태종이 훙서薨逝하자 세종은 정종공정왕(恭靖王)과 태종의 실록 수찬을 명하였다. 세종 8년(1426) 8월에 『공정왕실록』(정종실록)이 먼저 완성되고, 세종 13년(1431) 3월에 『태종실록』이 완성되었다. 『태종실록』은 완성 직후 『태조실록』, 『공정왕실록』과 함께 충주사고에 봉안하였다. 세종 20년(1438) 변계량이 지은 헌릉獻陵: 태종의 능 비문碑文의 내용 중 제1차 왕자의 난(태조 7년, 1398)과 제2차 왕자의 난(정종 2년, 1400)의 일부 내용이 사실과 다르다고 하여 『태조실록』, 『공정왕실록』, 『태종실록』의 개수를 명하였다. 4년 뒤인 세종 24년(1442) 개수가 완료되었고, 1445년까지 삼조실록三朝實錄 3부를 더 필사해 춘추관과 충주 및 신설한 전주·성주 사고에 각각 1부씩 봉안하였다. 현재 서울대학교 도서관에 보관된 정족산본의 태조·정종·태종의 실록은 이때 필사해서 전주사고에 봉안한 것이다.

실록은 왕의 재위 기간의 역사를 날짜 순서에 따라 기록한 기록물이다. 따라서 그 안에는 정치·경제·역사·문화 등의 공적인 기록과 함께 왕은 물론 백성들의 일상까지도 기록되어 있다. 『낭송 태종실록』은 실록의 행간에 숨어 있는 것을 찾기보다는 행을 이루고 있는 600여 년 전의 하루하루를 날것 그대로 보여주는 데 초점을 맞췄다. 실록은 아주 독특한 기록물이다. 서사를 갖춘 한 편의 이야기가 아님에도 그 안에는 당대의 왕을 비롯한 수많은 사람들의 삶의 서사가 흐르고 있는 것 또한 사실이기 때문이다.

『낭송 태종실록』을 읽는다는 것은, 태종이 신료들, 왕자들, 왕비, 사신 등 수많은 사람들과 나눈 대화를 통해 그들의 삶, 즉 생각, 감정, 사건, 상황을 읽는 것이다. 우리가 읽어야 할 지점은 여기까지라고 생각한다. 이 지점은 태종과 그의 시대에 대해 각

자에게 해석의 여지를 제공한다. 이는 기존에 제시된 이미지에 의해 우리가 얼마나 편견에 가득 차서 역사와 인물을 보았는지 알 수 있게 한다. 『낭송 태종실록』이 자신만의 새로운 역사 속으로 들어가는 흥미로운 입구가 되었으면 한다.

피의 과거는 끊임없이 태종을 괴롭히고 불안하게 만든다. 가뭄 등 천재지변이 일어날 때마다 민감하게 반응하고, 조선의 왕 중 가장 많이 액을 피해 도망 다닌 왕이 태종이다. 따라서 1부는 『태종실록』에서 태종의 불안감이 고스란히 느껴지는 기사들로 묶었다.

개국이라는 무력적 상황 때문에 태종을 무인으로 생각하기 쉽지만 태종은 고려 말 과거에 급제한(우왕 9년, 1383년) 문인 출신이다. 그러나 또 한편 아무리 유학이라는 사상적 기초 위에 자리한 인물이라 해도 태종은 이성계의 아들이다. 무인의 기질 또한 숨길 수 없다. 따라서 2부는 『태종실록』에서 태종이 갖춘 문무의 기질이 확실히 드러나는 기사들로 묶었다.

태종이 왕위에 오르기까지 많은 사람들의 도움이 있었다. 공신에 오른 이들은 태종의 든든한 지지세력인 동시에 위험 세력이었다. 이로써 공신들의 운명은 엇갈리고 만다. 3부는 『태종실록』에서 태종이 위험세력을 어떻게 제거하는지 또 자신의 사람은 어떻게 끝까지 보호하는지 그 과정을 잘 보여 주는 기사들로 묶었다.

태종에게 가장 중요한 것은 조선이었다. 당시 조선은 안정화·체계화 작업이 무엇보다 시급했다. 하지만 급하다고 모든 것을 몰아붙일 수만은 없다. 그 완급을 조절하는 것, 그것이 왕의 몫이다. 이를 통해 태종은 강력한 왕권을 만들고 태조가 못한 나라의 기틀을 확실하게 세운다. 따라서 4부는 『태종실록』에서 태종이 왕권을 강화해 가는 과정이 확연하게 드러나는 기사들로 묶었다.

태종은 고려의 백성을 조선의 백성으로 변화시키기 위해 전과 다른 삶의 형태와 조건을 제시해야 했다. 이런 변화를 이끌어내기 위해 많은 것을 시도하며 백성의 일상을 서서히 정비시켜나간다. 5부는 『태종실록』에서 변화하는 백성의 일상을 볼 수 있는 기사들로 묶었다.

태종의 콤플렉스로 작동한 아버지 이성계와 아들 양녕. 태종의 즉위는 곧 아버지에 대한 배반을 전제한다. 분노한 아버지의 마음을 돌리기 위해 안간힘을 쓰는 태종이다. 태종의 또 다른 문제는 조선 최초의 적장자 세자에서 폐세자가 된 양녕대군 이제李禔다. 태종에게 세자 교체는 자신이 세운 명분(적장자 세자)과 조선의 미래를 놓고 벌린 고심의 결과였다. 6부에는 아버지와 아들에 대한 태종의 마음이 잘 드러나는 기사들을 묶었다.

태종시대 명나라와의 관계에서 조선의 동북면은 뜨거운 감자로 떠오른다. 동북면을 명나라에 복속시키려는 영락제와 이에 맞서 조선의 관할권을 지켜 내려는 태종이다. 여진의 태도 또한 태조 시대와는 확연하게 달라졌고, 왜는 사신·상인·왜구 할 것 없이 끊임없이 행패를 부려 큰 골칫거리가 된다. 이런 명나라, 여진, 왜 사이에서 조선은 군사와 무기를 중요시할 수밖에 없었다. 이런 맥락에서 7부는 『태종실록』에서 외교와 군사 상황이 잘 드러나는 기사들을 추려 묶었다.

태종대에 궁중과 민가의 일상에 서서히 유교적 규제가 강화된다. 그러나 온갖 새로운 기우제를 행하고, 병과 죽음의 문제는 여전히 불교, 도교, 무속 등에 매달리는 시기이기도 했다. 따라서 8부는 『태종실록』에서 풍속의 변화가 강하게 드러난 지점과 『태종실록』에서만 볼 수 있는 재미 있는 사건의 기사들로 묶었다.

『낭송 태종실록』을 만들기까지 조선왕조실록이라는 원전이 주는 어려움이 있었다. 하나는 단편적인 기사들을 연결해서 통일된 한 편의 이야기를 만들어야 한다는 점이다. 이 경우 제목이 내용을 최대한 포괄할 수 있도록 했다. 다른 하나는 기사 한 편이 워낙 길고 아주 자세하게 쓰여 있다는 점이다. 이렇게 긴 기사의 경우에는 필요한 부분만 가져오거나, 내용의 흐름을 이해하기 쉽도록 각 장면을 나누고 필요한 곳에는 소제목을 붙여 보완했다. 또한 구성에 꼭 필요한 내용일 경우『정종실록』의 내용을 가져오기도 했다. 그리고『태종실록』은 이방원의 정안공 시절을 다룰 때도 '태종'으로 표기되어 있는데, 이를 그대로 옮기면 독자들이 내용을 이해하는 데 혼돈이 있을 것 같아 시절에 맞게 '정안공' 또는 '이방원'으로 바꿔 표기하였다.

끝으로 낭송집이 만들어지기까지 처음 길을 열어 주시고 응원해 주신 우응순 선생님과 조선왕조실록의 원문을 한 자 한 자 짚어 가며 이것이 어떤 작업인지 꼼꼼하게 알려 주신 길진숙 선생님께 감사드린다. 1년 동안 지난한 작업을 함께한 낭송집 멤버들과 실록 세미나 도반들 그리고 가족에게 감사드린다.

一 •

피의 대가, 하늘이 두려운 왕

1-1. 형의 아들이 되다

임금^{정종}께서 말씀하셨다.

"세자를 세우는 것은 나라의 근본을 정하는 것이요, 작위와 이름을 높이는 것은 민심을 안정시키는 것이다. 이에 세자 책봉식을 거행한다. 너 정안공^{이방원}은 문무의 자질을 겸비하였고, 지혜롭고 총명한 덕을 갖추었다. 태상왕께서 개국하실 때에는 왕위에 오르시기를 앞장서서 주장하였고, 과인이 사직을 안정시키는 날^{1차 왕자의 난}에도 큰 공을 세웠다. 아울러 신하와 백성이 칭송하니 마땅히 나라를 맡겨야겠다. 이에 명하여 너를 왕세자로 삼는다. 아아! 사람을 알아보기는 쉽지 않고, 자식 노릇하기 또한 어렵다. 형제 중에 어진 너로 하여금 대통을 잇고자 하니, 오직 충성하고 효도하라. 이것을 나라를 다스리는 방법으로 삼으라. 이에 가르침을 내리고자[敎示]하니 마땅히 이를 알고 생각하라."

그리고 임금이 사면령*을 내리며 말씀하셨다.

"예로부터 왕이 세자를 세우는 것은 종사宗祀를 높이고 근본을 중하게 하기 위함이다. 예문禮文을 상고하면, 세자는 적자嫡子와 동복아우로 세운다는 말이 있는데, 이는 지극히 당연하다. 내가 덕이 적고 우매한 몸으로 왕위를 이어받아, 공경하고 근신하며 다스린 지 2년이 되었다. 돌아보건대, 나에게 대를 이을 적자는 없고 다만 서얼이 있는데 유약하고 지혜롭지 못하니 밤낮으로 걱정스러워 편안할 겨를이 없었다.

또 오직 형제의 우애와 의리에 힘썼는데, 생각지도 않게 이방간李芳幹: 태조의 넷째아들 희안대군이 간교한 말을 믿고 의심하는 마음을 품어 군사를 일으켰다.2차 왕자의 난을 말함 재앙이 헤아릴 수 없는 지경에 이르렀으나 다행히 하늘과 조상의 도움으로 하루 만에 평정되었다. 그러나 주공周公이 동생 관숙管叔을 죽인 것처럼은 할 수 없었다. 이에 동생을 불쌍히 여긴 순임금의 마음을 따라 이방간을 멀리 추방하고 그 무리들은 죄의 경중에 따라 처결하였다.

* 천조(踐祚: 임금의 자리를 잇는 것), 개원(改元: 연호를 바꾸는 것), 입후(立后: 왕후나 황후를 봉하여 세우는 것), 건저(建儲: 왕위 계승자인 황태자나 왕세자를 정하는 일)의 네 가지 경사에는 사면하는 것이 관례였다.

이는 국본이 정해지지 않아 민심이 흔들린 까닭에 이런 변란
이 생긴 것이다. 말이 여기에 미치니 슬프구나. 이제 마땅히 뛰
어난 형제를 세자로 세워 나라의 근본을 굳건히 해야겠다. 정안
공태종은 기운이 영명하고, 용맹과 지혜로운 자질을 온전히 갖추
었다. 문무의 본뜻을 나면서부터 알았고, 효성과 우애가 지극하
였다. 『시경』과 『서경』의 교훈을 마음에 새겨 정치와 교화의 방
법을 통달하였다. 태상왕을 보좌하여 개국의 공을 세웠고, 과인
을 호위하여 사직의 안정을 이루었다. 정안공이 종묘사직을 안
정시킨 것은 신하와 백성이 모두 아는 바이다. 공과 덕이 이렇게
높으니 모두 너를 칭송하는 것이다. 이제 왕세자로 삼으니 나라
의 큰일을 맡도록 하라.

아아! 종친과 대소 신료 그리고 나라의 모든 백성들은 내 뜻
을 받들어 자신들의 책임을 다하고 왕세자의 덕을 공경하고 따
르는 것으로써 내 덕을 도우라.

이에 사면령을 반포한다. 건문建文: 명나라 제2대 황제 건문제(建文帝)
주윤문(朱允炆)의 연호 2년1400년 2월 초4일 새벽 이전에 모반하고 대
역한 것, 조부모·부모를 죽인 것, 처첩이 남편을 죽인 것, 노비가
주인을 죽인 것, 독살[蠱毒]하고 저주[魘魅]＊하여 죽인 것, 강도를
범한 것, 고의로 살인을 꾀한 것, 이방간의 무리를 제외하고는
이미 발각되었거나 발각되지 않았거나, 이미 결정되었거나 결

정되지 않았거나, 죄의 경중을 따지지 말고 모두 사면하라. 감히 이 사면령 전의 일을 가지고 고하는 자는 그 죄로 벌을 주겠다.

아아! 형제에서 아비와 자식이 되었으니 더욱 부자간의 사랑[慈孝]하는 마음을 두텁게 하고, 가까운 데서부터 먼 데까지 미칠 태평성대의 즐거움을 함께 누리리라."

이때 대신이 의견을 올려 말하였다.

"옛날부터 제왕이 동복아우를 후계자로 세우면 모두 황태제皇太弟라 봉하였지 세자로 삼은 일은 없었습니다. 청컨대, 왕태제王太弟로 삼으소서."

임금이 말하였다.

"지금 나는 이 아우를 아들로 삼겠다."

_ 정종 2년(1400, 기해) 2월 4일

---

* 독살의 원문은 '고독'(蠱毒)으로, 뱀·지네·두꺼비 등의 독기가 든 음식을 남에게 몰래 먹여 복통·가슴앓이·토혈(吐血)·하혈(下血) 등의 증세를 일으켜 죽게 하는 것이다. 또 저주의 원문은 '염매'(魘魅)인데, 주문(呪文)이나 저술(詛術)로 남을 저주(詛呪)하여 죽게 만드는 것을 말한다. 염(魘)은 사람의 형상을 만들어 놓고 쇠꼬챙이로 심장을 찌르고 눈을 후벼 파고 손과 발을 묶는 것이고, 매(魅)는 나무나 돌로 귀신을 만들어 놓고 저주를 비는 것이다.

1-2. 등극, 명나라 황제의 의심을 사다

의심받는 왕위

판삼사사判三司事 우인렬禹仁烈과 첨서의흥삼군부사簽書義興三軍府
事 이문화李文和 등이 명나라 예부禮部의 자문咨文: 중국과 주고받던 공
식적인 외교문서을 가지고 돌아왔다. 자문의 내용은 이러하다.

건문建文 3년1401년 1월 8일 황제께서 칙지황제의 명를 내려 말
씀하셨습니다.
"짐은 천지의 도는 정성에 있고, 황제의 다스림은 신의에 있
다고 생각한다. 신하의 신의가 부족하다고 짐 또한 불신하
는 것이 옳겠는가? 최근에 예부에서 아뢰기를 '조선의 권지
국사權知國事: 왕호(王號)가 인정되기 전에 우선 국사를 다스린다는 뜻의 칭호
이경정종이 동생 이방원을 후계자로 삼고자 합니다. 이를 인

정하는 고명誥命: 중국 황제가 제후국의 국왕을 인준하는 문서과 인신印
信:도장 그리고 달력[冊曆]을 청합니다'라고 하였다. 짐이 조선
에서 온 사신을 만나 보니 뜻이 매우 간절해 보여 바로 본국
의 사신으로 하여금 인신과 고명을 가지고 가서 아우를 세
자로 삼는 것을 허락하였다.

그런데 사신을 너희 나라에 보내고 열흘이 안 되어 요동에
서 고하기를 '이경이 갑자기 풍질風疾: 신경의 고장으로 생기는 온
갖 병의 총칭. 풍기 또는 풍병이라고도 함을 얻어 보고 듣는 것이 힘들
어져 이미 건문 2년 11월 11일에 동생에게 나라를 맡겼다고
합니다'라고 한다.

짐은 이를 심히 이상하게 여긴다. 아아! 이경이 병으로 아우
에게 양위했다는 것이 정말 참된 마음에서 한 것인가? 혹시
아버지 이단李旦: 태조이 작은아들을 사랑해서 왕위를 바꾼 것
은 아닌가? 혹시 동생이 은밀하게 불의를 저지른 것은 아닌
가? 혹시 조정을 살피는 자가 희롱하는 뜻으로 그러한 것은
아닌가? 혹시 나라에 내란이 있었던 것은 아닌가?

공자孔子는 '남이 나를 속이지 않을까를 미리 경계하여 대비
하지도 않고, 남이 나를 믿지 않을까를 미리 생각하지도 않
았지만 그것을 미리 아는 사람이 바로 현명한 사람이다'라고
했다. 이처럼 미리 알아채는 것은 중요한 일이기에 세자의

고명과 인신을 가지고 조선에 보낸 사신을 돌아오게 했다. 조선에서는 오랫동안 바라며 기다리고 있을 것이다. 그러나 짐은 오직 참된 마음으로 사람을 대한다. 아직 왕위에 오를 세자도 확정되지 않았는데 가벼이 왕의 인신과 고명을 줄 수는 없다. 앞서 보낸 사신이 이미 조선에 도착했을 테니 돌아오면 상황을 알아보고 그때 다시 처리하겠다. 예부는 짐의 뜻을 칙서로 받들어 사신에게 알리라."

_ 태종 1년(1401, 신사) 3월 6일

명나라 황제의 고명을 받다

통정시승通政寺丞 장근章謹과 문연각대조文淵閣待詔 단목예端木禮가 황제의 명을 가지고 왔다. 명나라 사신을 환영하기 위해 임시무대와 장식물을 설치하고, 가면유희와 온갖 연희를 준비했다. 임금은 관복 차림을 하였고, 깃발을 세우고 북을 치며 피리를 부는 환영단을 갖추었다. 그 뒤를 관복 차림의 백관이 따랐다.

명나라 사신을 선의문宣義門: 개경에 있던 문의 하나 밖에서 영접하여 무일전無逸殿으로 인도하였다. 황제가 내린 고명의 내용은 이러하다.

"옛부터 현명한 황제는 덕을 베푸는 정치를 하여 온 세상을 길러내니 나라가 있는 자는 모두 고개 숙여 신하가 되었다. 이에 군장을 세워 그곳 백성을 다스리게 하고 중국의 변방으로 삼았다. 대통을 이어받은 짐은 옛법[成憲]을 본받으려 한다. 아아! 너 조선의 권지국사權知國事: 태종는 부형에 이어 그 땅을 지켜 편안히 하였고, 조공에 힘쓰며 예에 따라 정성을 다하였다. 책봉을 받지 못해 바라고 구하기를 부지런히 하였으니, 이에 너를 조선의 국왕으로 봉하고, 황금도장을 내려 동쪽 땅의 우두머리로 삼는다.

아아! 하늘에는 정해진 마음이 없기에 백성의 뜻을 따를 뿐이고, 백성은 정해진 마음이 없어서 오직 덕 있는 이를 따를 뿐이다. 너는 힘써 덕을 쌓고 베풀어 집에서는 효도하고 우애하며, 위로는 충성하고 아래로는 어질고 은혜롭게 하여 만백성이 복을 받도록 하라. 후손이 이를 본받아 오래도록 중국을 돕게 하라. 덕이 아니면 땅을 열고 집을 세울 수 없으니 어찌 공경하지 않겠는가!"

_ 태종 1년(1401, 신사) 6월 12일

1-3. 난을 일으킨 이방간을 살려주다

임금이 전前 전농정典農正 박실朴實을 보내 왕위를 노려 난을 일으
킨 회안군懷安君 이방간李芳幹에게 편지를 내렸다. 편지의 내용은
이러하다.

> 나는 경진년2차 왕자의 난 봄부터 오늘날까지 형님의 목숨을
> 지키겠다는 마음을 굳게 다지고 있소. 그런데 형님 부자가
> 순천으로 떠나던 날, '말을 타고 도망한 일이 있었다'는 의정
> 부의 보고가 올라왔소.
> 전에 김여생金呂生과 중 묘봉妙峯 등의 무리가 '형님이 난을
> 꾸민다'고 거짓을 퍼트려서 이미 이들을 반좌율反坐律: 없는 사
> 실을 거짓으로 꾸며 고발한 사람에게 고발당한 사람이 받은 처벌과 같은 형벌
> 을 가하던 제도에 따라 처결하였소. 또 최근에 조사의趙思義가 동
> 북면에서 난을 일으켰을 때, 모든 신하들이 형님을 제주도

로 내치라고 청하였소. 그러나 제주도는 바다를 사이에 두
고 너무 멀리 떨어져 있기에 내가 청을 허락하지 않았소. 그
러니 형님은 걱정하지 마시오.

_ 태종 2년(1402, 임오) 12월 2일

임금이 내관內官 김용기金龍奇와 형조좌랑刑曹佐郎 박경무朴景武를
전주로 내려 보냈다. 조정의 신료들이 이방간의 죄를 청한다는
말을 듣고 혹시 이방간이 도망치거나 목을 매지 않을까 걱정했
기 때문이다. 임금이 김용기 등을 보내어 이방간에게 벌을 내리
지 않겠다는 뜻을 전하고 이후에 홍주洪州: 충남 홍성군로 옮길 것
임을 알려 주었다. 박경무는 이방간의 사위이다.

_ 태종 16년(1416, 병신) 11월 30일

1-4. 정몽주, 충절의 아이콘이 되다

참찬문하부사參贊門下府事 권근權近이 치도治道의 글을 올렸다. 내용은 이러하다.

나라를 다스리는 임금은 절의節義가 있는 신하를 크게 칭송해야 합니다. 이는 사람이 지켜야 할 도리를 굳건히 하려는 뜻입니다. 임금이 의義로써 나라를 개국할 때에는 이 뜻을 따르는 자에게는 상을 주고, 따르지 않는 자에게는 죄를 주는 것이 합당한 일입니다.

그러나 대업이 이루어지고 나라를 수성守成할 때에는 반드시 전 왕조에 대해 절의를 지킨 신하에게 상을 주어야 합니다. 이에 죽은 자에게는 벼슬을 추증追贈:죽은 뒤에 품계를 높여 주는 일하고, 살아 있는 자는 불러서 등용해야 합니다.

이렇게 세상에 드러내어 널리 알리는 것으로써 후세 신하된

자의 절의를 장려하는 것이 고금의 바른 도리입니다. 우리 나라가 하늘의 기운에 응하여 개국하였고, 지혜와 덕을 크게 갖추신 세 분의 임금께서 왕위를 이으시어 학문과 법으로 태평성대를 이루셨습니다. 그러나 절의를 포상하는 법을 아직 시행하지 않고 있으니 어찌 온전한 제도와 문물을 이루었다 하겠습니까.

고려의 시중侍中 정몽주鄭夢周는 가난하고 보잘것없는 집안의 선비였습니다. 태상왕太祖께서 인재로 여기시고 추천하여 높은 벼슬에 오르는 은혜를 입었습니다. 그러니 그 마음이 어찌 태조의 은혜를 몰랐겠습니까? 또 뛰어난 재주와 밝은 식견이 있는 자인데 어찌 천명과 민심이 돌아서고 고려가 망할 것을 몰랐겠습니까? 또한 자기 몸이 보전되지 못할 것을 어찌 몰랐겠습니까?

그러나 오직 섬기던 곳에 마음을 다하고 변하지 않는 절의를 지켜 목숨을 잃었습니다. 이것이 바로 목숨을 바쳐 지키려는 절의는 빼앗을 수 없다는 것입니다. 후주後周의 장수 한통韓通이 주周나라를 위해 죽었는데, 송宋나라 태조太祖가 추증하였고, 남송南宋 말의 충신 문천상文天祥이 송나라를 위하여 죽었는데, 원나라 세조世祖가 추증해 주었습니다. 그렇다면 정몽주가 고려를 위하여 죽었는데, 오늘날 추증하지 못할 이유가 있겠습니까?

_ 태종 1년(1401, 신사) 1월 14일

고려 문하시중門下侍中 정몽주를 영의정부사領議政府事: 의정부의 정1
품 최고 관직로 추증하였다. 이는 참찬의정부사 권근의 말을 따른
것이다.

_ 태종 1년(1401, 신사) 11월 7일

1-5. 정도전의 아들을 등용하다

정진鄭津*을 판나주목사判羅州牧事로 삼았다.

이날 좌정승左政丞 성석린成石璘이 정청政廳: 이조나 병조에서 관리 선발을 맡은 관원이 궁중에서 벼슬아치의 치적을 심사하여 면직하거나 승진시키던 업무를 보던 곳에 나오지 않았다. 임금이 이조좌랑吏曹佐郎 조서로趙瑞老를 성석린의 집에 보내 물었다.

"목사의 직을 내리려고 하는데, 권숙權肅과 정진 중에서 누가 좋겠는가? 정진은 이미 태조 7년 정3품의 중추원 부사직을 제수 받았다. 지방관을 원하지 않을 것 같은데 어떠한가?"

성석린이 대답하였다.

---

* 태조 7년(1398), 1차 왕자의 난으로 정도전(鄭道傳)과 그의 아들 셋은 참형을 당하였으나, 정도전의 첫째아들 정진(鄭津)은 당시 태조의 삼성재(三聖齋) 방문길을 수행하여 안변군 석왕사에 체류 중이라 기적적으로 목숨을 구했다.

"일을 처리하는 능력은 권숙보다 정진이 낫습니다."

임금이 정진을 임명하였다.

_ 태종 7년(1407, 정해) 10월 3일

정도전의 아들 정진에게 직첩職牒: 조정에서 내리는 벼슬아치의 임명장을

주라는 명이 내려졌다.

_ 태종 16년(1416, 병신) 6월 26일

정도전의 손자 정내鄭來: 정진의 첫째아들와 정속鄭束: 정진의 둘째아들 등

에게 직첩을 주라는 명이 내려졌다.

_ 태종 16년(1416, 병신) 7월 25일

1-6. 부엉이가 우니 불길하다

8월부터 궁궐의 여러 전각에 부엉이가 일곱 차례 나타나 울었다.* 임금이 이를 불길하게 여겨 성 밖으로 거처를 옮기고자 하였다. 이에 사간원에서 거처를 옮기지 말라는 상소를 올렸다. 상소의 내용은 이러하다.

---

* 부엉이는 올빼미와 닮아 불효의 상징으로 보았다. 올빼미 새끼는 어미가 물어다 주는 먹이를 먹으면서 성장하다가 100일 후쯤 날개가 생기면 보금자리를 벗어나 먹이 사냥을 나간다. 이때 새끼가 갑자기 어미에게 덤벼들어 잡아먹는다는 이야기가 중국에서 전해졌다. 따라서 올빼미는 예로부터 어미를 잡아먹는 새로서, 불효를 상징했다. 이로 인해 옛 사람들은 올빼미를 잡을 경우 죽여서 나무에 매달아 놓곤 했다. 이는 불효의 상징인 올빼미를 통해 후손들에게 경각심을 주기 위한 풍습이었다. 올빼미 '효'(梟) 자는 바로 이런 풍습에서 유래한 한자이다. 즉, 나무에 매달려 있는 새라는 의미가 올빼미 효인데, 이 한자에는 '목을 베어 달다'라는 뜻도 있다. 대죄를 범한 사람의 목을 베어서 높이 매달아 군중 앞에 공시했던 효수(梟首) 또는 효시(梟示)도 올빼미에서 비롯된 제도이다. 민속에서는 한밤중에 우는 부엉이 소리가 죽음을 상징하는데, 예로부터 부엉이가 동네를 향해 울면 그 동네의 한 집이 상을 당한다고 하였다.

전하께서 근래에 부엉이가 울자 성 밖으로 거처를 옮기신다 들었습니다. 하늘이 재이災異로 임금을 꾸짖는 것은 임금을 사랑하는 마음에서 반성하게 하려는 뜻입니다. 옛날에 은殷 나라 고종高宗은 장끼가 울면 지진이 일어난다고 하니 밤낮 으로 경계하여 오랫동안 나라를 다스렸고, 주周나라 선왕宣王 은 심한 가뭄이 들자 몸과 덕을 닦아 쇠퇴하던 나라를 다시 일으켰습니다. 이는 정성과 공경을 다하였기에 하늘과 사 람이 감동한 것이지 천재지변을 피하려는 기도를 올려 이룬 것이 아닙니다. 임금이 거처를 옮겨 재앙을 면한다는 것은 후세 술가術家의 요사스런 말일 뿐입니다.

전하께서는 은殷·주周에서 행한 방법을 따르시어 삼가고 조 심하시기 바랍니다. 자신을 닦고 돌아보면[恐懼修省] 재앙이 상서로운 조짐으로 변할 것입니다. 별과 부엉이의 변괴를 염려 마소서. 임금은 깊숙한 구중궁궐 안에 계시며 군사들 이 궁궐을 호위하는 것으로써 존엄을 보이고 또한 이는 뜻 하지 않은 재난을 방비하는 것입니다.

지금 가시려는 거처는 너무 좁고 담이 얕아 지존至尊께서 머 무를 곳이 못 됩니다. 또 근처에 집도 없어 시종들은 들판에 서 비바람을 맞아야 하니 그 폐단이 너무 큽니다. 바라건대, 별전으로 납시어 밤낮으로 스스로를 경계하고 하늘을 공경하며 백성을 부지런히 돌보시어 하늘의 뜻에 보답하소서.

사헌부 또한 재변을 피하는 방법으로 거처를 옮기는 것의 폐단을 말하였다.

임금이 장령掌令: 사헌부의 정4품 벼슬 이계공李季拱·정언正言 김위민金爲民을 불러 명을 내렸다.

"몸을 삼가고 행실을 닦아야 한다는 말은 매우 지당한 말이다. 하지만 옛글에 이어하였다는 글 또한 없지 않다. 최근 들어 부엉이가 전각 안으로 들어오고 자주 지붕 위에서 우니, 술자가 '다른 곳으로 피하시는 것이 마땅합니다' 하고, 또 태백성금성이 대낮에 나타나서 헌원성軒轅星: 별 이름. 황후궁(皇后宮)으로 황후 또는 여왕의 형상을 뜻하며 헌요(軒翟)라고도 함을 가리기에 내가 부득이 거처를 옮기는 것이다. 그러니 그대들은 더 이상 말하지 말라."

_ 태종 6년(1406, 병술) 9월 1일

1-7. 가뭄, 왕자의 난 때문인가!

황해도 신주와 안악 지방의 콩은 서리가 내려 죽고, 문화현의 벼는 바람이 불어 손상되었다. 임금이 하윤河崙과 조영무趙英茂 그리고 육조의 판서들을 불러 올해 가뭄이 심한 이유를 물었다.

"형벌이 타당함을 잃어 억울한 자가 생겼는가? 간사한 자들이 임금 곁에 있는가? 상벌이 정확하게 내려지지 못한 것인가? 사납고 간사한 자들이 백성들을 해치고 있는가? 내가 참으로 답답하고 안타깝다."

_ 태종 5년(1405, 을유) 7월 1일

나라의 여러 신들에게 비를 빌었다. 우사단雩祀壇: 조선시대 하늘에 비를 기원하는 제사를 지내던 제단에 무당을 모아 삼각산·목멱·한강·풍운뇌우·산천·성황의 신께 비를 빌었다. 또 각 도의 큰 산·바다·강·산천의 신에게 올릴 향과 축문을 나누어 보냈다.

앞서 임금의 명이 있었다.

"옛 제도를 보면 토룡土龍: 흙으로 빚어 만든 용으로, 서울의 다섯 방위마
다 5방토룡(五方土龍)을 만들어 기우제를 지냈다은 갑을일甲乙日에 만들어야
한다. 그런데 예조에서 지난 갑을일에 토룡을 만들지 않고 바로
제사를 지냈으니, 이는 참으로 옛 제도에 어긋난 것이었다. 이미
이들의 관직을 옮기게 했다 하더라도 다시 탄핵하여 죄를 논하
라."

이후에 예조에서 『문헌통고』文獻通考 · 『산당고색』山堂考索을 상
고하여 글을 올리자 그대로 따른 것이다.

임금이 육조와 대간에게 말하였다.

"내 이처럼 심한 가뭄의 원인을 깊이 생각해 보니, 무인戊寅 ·
경진庚辰 · 임오壬午의 사건*이 부자와 형제의 도리에 어긋난 까닭
이다. 그러나 그 일은 하늘의 뜻을 따른 것이지 내가 사사로이
욕심을 채우고 싶어 한 것은 아니었다."

육조와 대간 모두 몹시 두려워하며 말하였다.

"성상의 말씀을 신들은 차마 들을 수 없습니다. 청컨대, 그때

---

* 무인(戊寅)은 태조 7년(1398)에 있었던 '1차 왕자의 난'을, 경진(庚辰)은 정종 2년(1400)
에 일어났던 '2차 왕자의 난'을, 임오(壬午)는 태종 2년(1402)에 동북면(함경도)에서 일
어났던 '조사의(趙思義)의 난'을 의미한다.

의 일을 염려하지 마소서. 그 일은 하늘에 감응하고 백성을 따른

것입니다. 여기에 어찌 천심天心에 부합하지 않는 이치가 있겠습

니까?"

_ 태종 16년(1416, 병신) 5월 19일

1-8. 액막이는 무조건 하라

임금이 액을 피하기 위해 연정 본궁本宮: 임금이 되기 전에 거처 하던 곳 으로 거처를 옮겼다. 의정부에서 아뢰었다.

"연정궁은 좁아서 임금이 거처할 곳이 못 됩니다."

그러나 윤허하지 않았다.

_ 태종 5년(1405, 을유) 7월 29일

임금이 피방避方: 흉한 방향을 피해 길한 방향으로 임금의 거처를 옮기는 것 가 느라 상왕전에 하직을 고하였다. 하윤과 조영무가 아뢰었다.

"액막이[度厄]를 하시려면 옛 서울개성이 아니라 이곳 한양에 서 길한 날에 해야 합니다. 가까운 시일에 명나라 사신도 도착할 터인데, 이렇게 피방을 가시는 것은 참으로 옳지 않습니다."

임금이 말하였다.

"복서卜筮의 글은 성인聖人도 폐하지 않았다. 점치는 자가 말

하기를, '내년 운수가 신축일辛丑日이 되면 목성木星*에 임하리라'
하였다. 그래서 기도하기 위해 피방을 하는 것이다."

　이조판서 윤저尹柢, 찬성사贊成事 유양柳亮, 지신사知申事 안등安騰
을 종묘에 보내 점을 쳤는데 이동하면 길하다는 점괘를 얻었다.

_ 태종 10년(1410, 경인) 9월 17일

임금이 설날 연회를 정지하라고 명하자 의정부에서 아뢰었다.

　"옛부터 설날은 군신이 모두 모여 축하하는 날입니다. 그리고
태상왕의 상喪을 마치신 전하께 신하들이 아직 술을 올리지 못
했습니다. 원컨대, 여러 사람의 소망을 따르소서."

　임금이 말하였다.

　"지금은 액막이 하는 중이라 불가하다."

_ 태종 10년(1410, 경인) 12월 20일

악귀를 쫓는 무당[經師] 21명을 궁궐 안뜰에 모아 경經을 읽었다.
재앙을 없애기 위함이다.

_ 태종 12년(1412, 임진) 5월 3일

* 목성은 태세(太歲)라고 하는데, 고대 중국의 도교 및 풍수에서 중시되었다. 목성이 있
는 방위에 따라 길흉을 점치는데 목성의 위치가 어긋나면 흉한 일로 여겼다.

1-9. 피로 물들었던 경복궁은 싫다!

유한우劉旱雨, 윤신달尹莘達, 이양달李陽達에게 한양에 가서 이궁離宮: 임금이 왕궁 밖에서 머물던 별궁. 행궁(行宮) 지을 터를 정하라는 명이 내려졌다.

_ 태종 4년(1404, 갑신) 9월 9일

한양의 이궁조성도감離宮造成都監의 명칭을 궁궐수보도감宮闕修補都監으로 바꿨다. 성석린成石璘, 조준趙浚, 이무李茂, 조영무趙英茂가 입궐하였다. 성석린이 아뢰었다.

"한양은 태조께서 도읍지로 정한 곳으로 궁궐이 이미 있습니다. 지금 환도還都한다 한들 어찌 이궁을 다시 지을 필요가 있겠습니까?"

이무 또한 이를 말하니, 임금이 윤허하였다.

_ 태종 4년(1404, 갑신) 9월 13일

그러나 한양으로 환도할 것을 정하고, 향교동鄕校洞에 이궁을 짓
도록 명하였다.

_ 태종 4년(1404, 갑신) 10월 6일

이궁이 완성되었다.

_ 태종 5년(1405, 을유) 10월 19일

이궁의 이름을 창덕궁昌德宮이라 하였다.

_ 태종 5년(1405, 을유) 10월 25일

二・

문무를 겸비한 엘리트 왕

2-1. 사간원과 사헌부를 키워라

문하부^{門下府}: 고려 때의 최고 행정관청를 혁파하고, 낭사^{郎舍}: 고려 중서문
하성의 간관(諫官)를 사간원^{司諫院}: 국왕에 대한 간쟁(諫諍)과 논박을 담당한 관청
이라는 하나의 독립 관청으로 승격시켰다.

_ 태종 1년(1401, 신사) 7월 13일

사간원에서 모든 일의 처리를 관제 개혁 전 문하부 때의 규정에
준해 하겠다고 청하자 임금이 윤허하였다. 임금이 말하였다.

 "사간원은 나의 과실을 숨기지 않고 다 말하는 곳이니, 다른
관청과 비교할 수 없다. 사간원은 마땅히 우대하여야 한다."

_ 태종 1년(1401, 신사) 8월 19일

사헌부^{司憲府}: 정사(政事)를 논의하고 풍속을 바로잡으며 관리의 비행을 조사하여
그 책임을 규탄하는 일을 맡아 보던 관아에 맡은 직무를 부지런히 하라는

명을 내리고, 동시에 사간원도 고찰하게 하였다. 지평持平 이지李

漬를 불러 말하였다.

"사건별로 담당 관원을 세 명씩 늘리면 일이 지체되지 않을

것이다. 아울러 사헌부는 사간원의 근무 상태도 규찰하라."

_ 태종 2년(1402, 임오) 3월 13일

2-2. 일하는 틈틈이 독대하여 강론하다

임금이 『대학연의』大學衍義 읽기를 끝냈다.* 이에 경연관經筵官 이
첨李詹 등이 하례賀禮: 축하하여 예를 차림를 올리려고 입궐하였다. 임
금이 김과金科를 불러 말하였다.

"이 글을 다 읽으니, 이제야 학문한 보람을 알겠다."

김과가 대답하였다.

"하례를 올리려고 경연관이 모두 대궐에 나왔습니다."

* 경연의 교재는 사서오경(四書五經)과 『자치통감』(資治通鑑), 『자치통감강목』(資治通鑑
綱目) 등의 역사 서적 그리고 성리학 서적 등이었고, 이 책들을 일정한 순서에 따라 읽
었다. 사서오경의 경우에는 주석집(註釋集)을 정독하였고 역사서는 통독하는 것이 원
칙이었다. 경연이 시작되면 왕은 이전에 공부한 내용을 복습하여 읽은 후 새로운 진도
를 나갔다. 학습량은 경전 본문의 서너 줄 정도이다. 새로 배울 내용을 경연관이 먼저
읽으면 왕이 따라서 읽는다. 이어서 경연관이 글자의 음과 뜻을 설명하고, 경연에 참여
한 사람들이 돌아가면서 내용에 대한 각자의 의견을 말한다. 진도가 끝나면 국정 현안
을 토론하고 해결 방안을 제시하기도 한다. 이처럼 경연은 학문과 정치를 토론하는 중
요한 일이었다.

임금이 말하였다.

"내가 이 글을 좀더 읽어서 행하게 된 뒤에 하례하라. 읽기를 끝마친 것이 하례할 일은 아니다."

_ 태종 1년(1401, 신사) 12월 22일

임금이 일정한 때 없이 경연에 나아가 시독관侍讀官: 임금에게 경서를 강의하는 관리 김과를 불러 글을 강론하였다. 이때에 궁궐에 많은 경연관이 있었으나 오직 김과만이 항상 임금 앞에 있었다. 임금이 매일 정사를 처리하는 틈틈이 김과를 편전으로 불러 조용히 강론하였고, 때로는 술을 내려 주며 강론하기도 하였다. 김과는 아는 바를 다해 대답하였고, 만일 알지 못하는 것이 있으면 물러나와 권근權近에게 물어서 대답하였다.

_ 태종 3년(1403, 계미) 3월 10일

임금은 천성이 총명하고 배우기를 좋아하여 공부를 게을리하지 않았다. 글을 읽을 때에도 매우 철저하게 공부의 과정을 세웠다. 『십팔사략』을 끝내고 김과에게 물었다.

"내가 『사기』를 읽어서 역대의 치란과 흥망을 대강 알게 되었다. 이제 사서와 육경을 다시 보려고 한다. 먼저 그 이치의 전체를 알고 싶은데 어떤 글이 이학理學: 성리학의 근원인 것이냐?"

김과가 대답하였다.

"제왕의 학문을 어찌 경솔히 아뢰겠습니까? 영경연領經筵: 경연청(經筵廳)에 둔 으뜸 벼슬과 겸경연兼經筵 그리고 대소 신료가 갖추어져 있으니 마땅히 이들에게 선택하게 하소서."

임금이 말하였다.

"오로지 한 가지를 정밀하게 하여 중용의 도를 지키는 것[精一執中]이 제왕의 학문이니 『중용』과 『대학』부터 시작하겠다."

_ 태종 3년(1403, 계미) 9월 22일

2-3. 불상에는 절하지 않겠다!

명나라 사신이 제주도에 가는 것을 막아라

임금이 태평관太平館: 명나라 사신들이 머물던 숙소에서 명나라 사신들에게 잔치를 베풀었다. 술에 취한 황엄黃儼이 먼저 방으로 들어가자 한첩목아韓帖木兒가 말하였다.

"제주 법화사의 미타삼존불은 원나라 때 양공良工이 만든 것입니다. 저희들이 가서 가져오는 것이 마땅합니다."

임금이 희롱하며 말하였다.

"마땅할 뿐이겠소. 다만 부처 귀에 물이 들어갈까 두렵소."

한첩목아 등이 크게 웃었다.

_ 태종 6년(1406, 병술) 4월 20일

황엄 등이 직접 제주도에 가서 동불상銅佛像을 가져오려고 하자 혹자가 말하였다.

"황제가 황엄을 시켜 제주도의 형세를 보게 하는 것은 다른 뜻이 있어서입니다."

이를 걱정한 임금이 신하들과 의논하고, 선차宣差: 왕명을 전하기 위해 임시로 뽑아 보내는 관원 김도생金道生과 사직司直 박모朴模를 사신들보다 먼저 제주도에 보냈다. 법화사의 동불상을 가져오기 위함이었다. 불상이 나주에 있으면 황엄이 제주도에 갈 필요가 없기 때문이다.

_태종 6년(1406, 병술) 4월 20일

부처에게 아첨하지 않겠다

예조판서 이문화李文和가 아뢰었다.

"중 한 명이 서역에서 남경명나라 수도으로 왔는데, 황제가 이 사람을 살아 있는 부처라 하며, 신하들을 거느리고 관대를 갖추고서 성문 밖까지 마중하였다고 합니다. 그러니 명나라 사신들이 탐라의 불상을 가지고 서울에 들어오는 날, 전하께서도 신하들을 거느리고 예복을 갖추고서 성문 밖에서 맞이하여 천자에게 존경하는 뜻을 보이소서."

대언代言: 왕명의 하달을 맡은 관직 윤사수尹思修가 말하였다.

"어찌 이것이 이치에 맞다 하겠습니까? 신이 생각하건대, 전하께서 성문 밖까지 나가 흠차관欽差官: 우리나라에 오는 중국 사신을 마중하는 것은 옳으나 만약 이것이 불상을 맞아들이기 위함이라면 옳지 않습니다."

임금이 말하였다.

"그렇다. 이번에 불상을 구하는 일은 황제가 사사로이 부모를 보려고 온 환관을 시킨 일이니 이미 도리가 아니다. 하물며 공식적인 칙서*를 가지고 불상을 구하는 것이니 더욱 도리가 아니다. 이는 참으로 부처에게 아첨하는 짓이다."

이문화가 또 말하였다.

"그러면 전하께서 이 불상을 공경하는 척하시어 사람을 보내 향을 올리는 것이 좋을 것 같습니다."

윤사수가 말하였다.

"본디 전하께서 불교를 숭상하지 않음을 황엄이 잘 알고 있습니다. 향을 올리지 않아도 될 것입니다."

임금이 말하였다.

---

* 칙서(勅書)는 황제의 공식문서인데, 조서(詔書)보다 낮은 등급이다. 조선에서 접수한 황제의 외교문서 가운데 최고단계는 조서이다. 조서를 받을 때는 엄격한 의식을 동반한다.

"사람을 보내 향을 올리는 것은 도리에 해로울 것이 없다."

그리고 판내시부사判內侍府事 이광李匡 편에 향을 보냈다.

_ 태종 6년(1406, 병술) 5월 25일

불상에 절하지 않겠다

임금이 태평관에 도착했다. 황엄 등이 임금에게 먼저 불상에 예를 행하라고 하였다. 임금이 이를 불가하다고 여겨 이렇게 말하였다.

"내가 온 것은 황제의 사신을 위한 것이지, 불상을 위한 것이 아니오. 만약 불상이 중국에서 왔다면 내 마땅히 공경의 뜻으로 절해야 옳겠지만, 지금은 그렇지 않은데 어찌 절을 하겠소?"

그리고 곧 지신사知申事 황희黃喜를 시켜 의정부에 물어보았다. 의정부에서 아뢰었다.

"황제가 불가의 도를 믿고 받들어 멀리서 불상을 구하고, 또 황엄의 어리석음은 천하 사람들이 알고 있으니 이번만 특별히 불상에 예를 행하시기 바랍니다."

임금이 이를 좋지 않게 여기고 말하였다.

"내가 두 정승을 믿고 불상에 절하지 않겠다고 했다. 그런데 이제 모두 '절해야 한다'고 말하니 어찌해야 하느냐? 이 일로 나는 신하 중에 의로운 자가 한 사람도 없음을 알았다. 여러 신하들이 이처럼 일개 황엄을 두려워하니 임금이 어려움에 처하면 누가 의로움을 지켜 나를 구하겠는가? 고려의 충혜왕忠惠王이 원나라에 잡혀갈 때, 신하들 중에 왕을 구하려는 자가 하나도 없었다. 내가 그런 어려움을 당해도 역시 그와 같겠구나. 또 임금은 가벼이 움직일 수 없는 것이다. 만일 내가 불상에 절한다면 그것이 예에 합당한 일이겠는가?"

임금이 이현李玄에게 명하여 임금의 말을 황엄에게 전했다.

"작은 나라의 화복은 천자의 손에 있지 불상에 있지 않소. 마땅히 천자의 사신을 먼저 보아야지 어찌 내 나라 불상에 먼저 절을 할 수 있겠소?"

황엄이 한참 동안 하늘을 우러르다 미소를 띠고 말하였다.

"먼저 전하 뵙기를 청합니다."

임금이 안으로 들어가 황엄과 차를 마셨다. 그러나 불상에는 끝까지 절을 하지 않았다. 임금이 황엄에게 말하였다.

"지금 이곳에서 술자리를 베풀고 싶은 마음이 매우 간절한데, 여기에 불상이 있어 감히 무례를 범할 수 없구료. 그러니 누차하나 궁으로 한 번 오길 바라오."

"예, 명하신 대로 하겠습니다."

임금이 환궁하고 난 후에도 황엄은 오지 않았다. 임금이 대언

윤사수를 시켜 좋은 말을 황엄에게 보내 주었다. 말을 받고서야 노여움이 풀린 황엄이 한첩목아 등을 데리고 창덕궁에 왔다. 임금이 광연루廣延樓에서 잔치를 베풀었다.

_ 태종 6년(1406, 병술) 7월 18일

2-4. 참서를 불태우라

백성에게 참서를 금하라

예조에 교지를 내려 길흉화복을 예언하는 책[참서讖書]을 금하라고 명하였다.

"길흉화복의 예언과 술수의 말은 세상을 어지럽게 하고 백성을 속이는 것이다. 나라를 다스리는 자는 먼저 이를 없애야 한다. 이미 서운관書雲觀: 천문, 역일 등에 관한 일을 맡아 보던 관청에 명해 요망하고 허황된 글들을 골라 불태우게 하였다.

지금부터 한양과 외방에서 사사로이 가지고 있는 요망하고 허황된 글은 무술년1418년 정월달까지 자진해서 바치게 하고, 이 또한 불태워 없애라. 만일 기한까지 바치지 않는 자가 있다면 고발하도록 하라. 고발한 사람에게는 참서를 바치지 않은 자의 재산을 상으로 주도록 하라. 지금부터 참서를 금하는 법이 시행됨을 알린다."

_ 태종 17년(1417, 정유) 11월 5일

서운관에 있는 참서부터 불태우라

서운관에 보관했던 참서 두 상자를 불태웠다. 이때의 풍속이 고
려를 그대로 따르고 있어서 백성들이 미신에 심하게 현혹되어
있었다. 부모의 장사를 지내면 자식에게 안 좋다는 말을 믿고 여
러 해 동안 부모의 장사를 지내지 않는 자들도 있었다. 이에 임
금이 박은朴訔과 조말생趙末生에게 명하여 서운관에 있는 음양서
陰陽書 중에 요망하고 허황된 책을 모조리 찾아 불태우게 하였다.

_ 태종 17년(1417, 정유) 12월 15일

2-5. 사치는 무익하다

관복을 만드는 관아에 명하였다. 관복을 만들 때 화려한 비단을 쓰지 말고 생사로 만든 무늬 없는 명주나 베를 쓰게 하였다. 임금이 말하였다.

"무릇 모든 옷을 바칠 때에 아무 때나 마음대로 올리지 말고 반드시 내 명을 기다리라."

_정종 2년(1400, 경진) 11월 13일

사치스러운 것을 금하였다. 예전부터 궁중에서 쓰는 자리는 자주빛 비단을 사용하였고, 네 모서리 가장자리 또한 무늬 있는 비단을 둘러 장식하였다. 임금이 이처럼 사치스럽고 무익한 것을 싫어하여 자리를 무늬 있는 비단으로 꾸미는 것을 모두 없애라 명하였다.

자주빛 비단을 대신해서 남빛 명주를 쓰게 하고, 강무講武: 조선

시대에 임금이 신하와 백성들을 모아 함께 사냥하며 무예를 닦던 행사 **때 상막 앞**
에 까는 돗자리도 무늬 없는 돗자리를 사용하게 하였으며, 임금
의 잠자리에 까는 침석도 네 가장자리에만 무늬를 넣게 하였다.
또한 궁 안에서 연회를 열 때 신료에게 내리는 과일상에는 종이
꽃을 쓰도록 하였고, 붉은 비단으로 감싸던 홀기笏記: 임금이 보는 의
식 순서를 적은 글를 꽃무늬 종이로 감싸게 하였다.

_ 태종 14년(1414, 갑오) 12월 1일

2-6. 못 말리는 사냥 사랑

임금은 사냥도 못하느냐?

임금이 장령掌令 이관李灌을 불러 말하였다.

"너희가 사냥하는 것을 옳지 않다 했는데, 그렇다면 임금은 사냥을 하면 안 된다는 것이냐?"

이관이 대답하였다.

"신 등이 옳지 않다고 말씀드린 이유는 전하께서 장차 고묘告廟: 국가나 왕실에 큰일이 있을 때, 이 일을 종묘나 사당에 고하는 것를 하셔야 하는데 사냥을 하셨기 때문이지 임금은 사냥을 하면 안 된다는 것이 아닙니다."

임금이 말하였다.

"종묘에 사냥물을 올리는 것은 예문禮文에도 실려 있지 않느냐? '천자가 사냥할 때에는 큰 깃발을 내리고, 제후가 사냥할 때에는 작은 깃발을 내린다'는 말이 있다. 또한 '사냥한 것 중 가장 좋은 것은 제물로 쓰고, 다음 것은 손님을 대접하는 데에 쓴다'는 말도 있다. 어째서 이런 말이 있겠느냐?"

_ 태종 3년(1403, 계미) 10월 1일

임금이 말하였다.

"나는 구중궁궐에서 태어난 사람이 아니다. 『시경』과 『서경』을 익혀서 유자의 이름은 얻었으나 사실은 무인 집안의 자손이다. 어려서부터 말을 타고 사냥을 해왔는데, 왕위에 올라서는 이처럼 하지 않고 있다. 경전과 역사책을 보니 그 안에 진실한 뜻이 있어 하루라도 책 읽기를 거른 적이 없다. 이를 가까이 있는 신하들은 다 알고 있다.

그러나 여가에 구경도 하며 놀고 싶은 마음이 어찌 없겠느냐? 요새 교외에 기러기 떼가 많이 온다는 말을 들었고, 또 지금은 마침 매를 놓기에 좋은 계절이다. 그러나 내가 생각하기에 의장 儀仗: 의식에 쓰이는 무기 또는 물건을 갖추어 갈 일도 아니고, 또 낮에 여러 군사를 동원할 일도 아니었다. 그래서 새벽에 매를 놓고 돌아온 것이다. 그리고 이는 너희 신료들과 간관들이 잇달아 올린 상소대로 한 것뿐이다. 내가 사냥을 한 이유는 적적한 마음을 달래기 위해서이다. 너희들은 옛사람의 글을 읽었으니 그 뜻을 잘 알

것이다. 그런데 어찌 「무일」無逸: 『서경』의 편명은 알지 못하느냐?"

그리고 직접 『대학연의』大學衍義를 이관李灌에게 주어 읽게 하였다. 이관이 제대로 끊어 읽지 못하자 임금이 말하였다.

"오랫동안 보지 않았다면 읽기가 쉽지 않다. 그러나 큰 뜻은 이해할 수 있을 것이다."

임금이 '유람하는 것은 몸과 기운을 기르는 것이다'라는 구절을 뽑아 직접 읽고 말하였다.

"이것이 사냥을 금한다는 말이냐? 옛사람 역시 이를 금하지 않았다. 이는 단지 지나치게 즐기지 말라는 것이다. 내가 지나치게 즐긴 적이 있느냐? 있거든 말하여 보라."

이관이 대답하지 못하자 임금이 말하였다.

"내가 오늘 한 말은 너를 힐책하는 것이 아니라 내 뜻을 말하는 것이다."

이관이 말하였다.

"신들도 역시 사냥하시지 말라는 것이 아닙니다. 장차 고묘를 하셔야 해서 사냥을 하시지 말라는 것이고 또한 사냥하시려는 곳의 언덕과 웅덩이가 험하기 때문에 올리는 말씀입니다."

임금이 말하였다.

"알았으니 이관은 물러가도 좋다."

이어 말하였다.

"이관은 참으로 겁이 없는 자다."

_ 태종 3년(1403, 계미) 10월 1일

제왕이 사냥하는 예를 조사하라

그리고 김첨과 김과 등에게 명하였다.

"『문헌통고』文獻通考를 상고하여서 제왕이 사냥하는 예禮를 아뢰라."

김과가 아뢰었다.

"전하께서 고묘하러 가시는 길에 하셨던 사냥을 멈추신 것은 대간들의 이번 간언 때문이었습니다. 그리고 다른 신하들도 '전하께는 사냥을 좋아하는 마음이 있다'고 말하고 있습니다. 그런데 지금 신들에게 사냥하는 예를 조사하여 밝히게 하시니, 신은 옳지 않다 생각합니다."

임금이 말하였다.

"한양에 고묘하러 갈 때, 내가 만일 몸과 마음을 깨끗이 해야 하는 7일간의 재계 동안에 매사냥을 했다면 대간들의 말이 옳다. 하지만 이는 내 마음을 알지 못하고 간한 것이다. 그러나 그들의 직임이 임금의 과실을 말하는 것이고, 또 그들이 임금을 함부로 대하려는 마음에서 간한 것이겠느냐? 그래서 내가 이번 일을 논하지는 않았다. 지금 너희들을 시켜 사냥하는 예를 상고하게 하려는 것은, 전일에 대간들이 나에게 옳지 않다 하였기 때문에 내가 그 예를 알고자 한 것뿐이다. 그런데 너는 어째서 옳지 않다는 말을 하느냐?"

임금이 김첨에게 말하였다.

"너희들은 예제禮制: 상례에 관한 제도를 상정하는 일을 맡았다. 그런데 어찌하여 사냥해서 종묘에 천신하는 의례는 상정하지 않느냐?"

김첨이 말하였다.

"사시제四時祭에는 모두 미리 사냥한 제물을 제사에 씁니다. 어찌 제사 지내려 하면서 사냥할 수 있겠습니까?"

임금이 말하였다.

"네가 상정하라."

_ 태종 3년(1403, 계미) 10월 1일

사관이 모르게 하라

임금이 친히 활과 화살을 메고 말을 달려 노루를 쏘았다. 말이 거꾸러져 임금이 말에서 떨어졌으나 다치지는 않았다. 임금이 좌우를 돌아보며 말하였다.

"사관史官이 알게 하지 말라."

_ 태종 4년(1404, 갑신) 2월 8일

강무를 중지 하소서

사헌부에서 상소하였다.

예부터 제왕은 태평한 세상일 때도 군사를 중요하게 여겼습니다. 그래서 봄과 여름에는 군사를 모아 야외에서 야영하고, 가을과 겨울에는 군사를 훈련하여 이를 임금이 직접 사열하였습니다. 이는 안전할 때에 위태로움을 잊지 않아야 한다는 깊은 뜻에서 나온 것입니다. 춘추의 강무講武: 왕이 직접 참여한 군사훈련는 아름다운 법입니다.

그러나 길의 멀고 가까운 것과 땅의 험하고 평탄한 것을 가리지 않고 지존의 발을 경솔히 움직일 수는 없습니다. 그렇지 않다면 높은 산을 넘고 깊은 내를 건너서 짐승의 굴을 찾는 것을 두고, 사냥의 즐거움이지 변고의 대비가 아니라고 할 것입니다. 신들은 잠깐 동안이라도 주상의 경계하는 마음이 저버려질까 두렵습니다. 또 올해는 심한 가뭄으로 아직 곡식이 익지 않았고, 가을갈이와 밤 줍는 일 등은 반드시 지금 해서 내년을 대비해야 합니다. 그리고 힘들게 길을 닦고, 말을 끌며, 강무에 필요한 물건을 준비하는 것이 모두 군사들이 해야 할 일입니다. 군사를 기르는 근본은 백성을 기르는 것과 같습니다. 신들이 바라건대, 올 가을의 강무를 중지하시고 이제부터 강무는 경기 지역에서 10일을 넘지 않는 것으로 정하여 이를 만세의 법으로 삼으소서.

_ 태종 14년(1414, 갑오) 9월 29일

사헌부 길들이기, 강무하는 장소를 바꾸라

임금이 노하여 집의執義 이당李堂과 지평持平 정연鄭淵을 불러 물었다.

"강원도에 굶어 죽은 백성이 몇이냐? 옛날에는 사계절에 사냥을 하였다. 나는 다만 춘추의 강무만 행할 뿐이다. 과인은 일년 내내 근심 속에 일하고 있는데 단지 며칠을 얻어 사냥도 못한단 말이냐? 또 직접 사냥한 것으로 조종祖宗의 제사를 지내는 것은 예로부터 내려오는 법이다. 이번 강무를 반대하는 것은 너희가 이름을 높이려고 하는 말이다. 나는 따를 수 없다."

이튿날 이당 등이 다시 강무의 기한을 줄일 것을 청하며, 횡성의 산이 너무 높고 길도 험하다는 폐해를 말하자 임금이 여러 번 꾸짖었다. 또 임금이 풍해도豐海道: 황해도 도관찰사都觀察使에게 강무의 장소를 해주海州로 바꿀 것과 필요한 말과 사람을 준비하라는 명을 내렸다. 병조판서 김승주金承霔가 이를 말리며 아뢰었다.

"횡성은 이미 곡식을 거두고 다리와 길을 모두 수리하여 강무의 준비가 끝났습니다. 만약 해주로 가신다면 두 곳의 백성 모두에게 피해가 있으니 불가합니다."

말이 간절하고 정성스러웠지만 임금이 따르지 않았다. 이당과 정연을 강무 때 머물 별궁의 찰방察訪으로 삼으며 명하였다.

"너희가 횡성 길이 험하다고 해서 광주廣州·천녕川寧으로 가려고 한다. 너희는 빨리 가서 숙소와 필요한 물건을 준비하고 음식준비도 늦어지지 않도록 하라. 만약 수확하지 않은 밭이 하나라도 있으면 죄를 면하지 못할 것이다. 또 아전과 종은 데리고 가지 말라. 이대로 이행치 않는다면 큰 죄로 다스리겠다."

이어서 진무鎭撫: 조선 초기 여러 군영에 두었던 군사실무 담당 관직 등에게 광주와 천녕에 숙소를 정하게 했다. 김승주가 다시 중지하기를 고하려 했지만 내관이 막아 아뢰지 못했다. 이 일은 임금이 사헌부 관리에게 두려움을 느끼게 하려고 한 것일 뿐, 실제로 다른 곳으로 가려고 한 것은 아니었다. 뒤에 임금이 노여움을 풀고 이당 등에게 내린 찰방 임명을 중지하였다.

_ 태종 14년(1414, 갑오) 9월 29일

三.

공신들의 엇갈린 운명

3-1. 원경왕후 민씨, 동지에서 투기하는 여인네로

멀어지는 부부

중전의 투기 때문에 임금이 경연청으로 나와서 10여 일을 머물렀다.

_ 정종 2년(1400, 경진) 12월 19일

중전 전각의 시녀와 내관 등 20여 명을 내쫓았다. 임금이 궁녀를 가까이하자 중전이 몹시 분노하여 그 궁녀를 꾸짖었다. 이 일로 화가 난 임금이 이들을 내쫓은 것이다.

_ 태종 1년(1401, 신사) 6월 18일

중궁의 투기가 심하니 빈첩의 제도를 갖추라

예조禮曹와 영춘추관사領春秋館事 하윤河崙, 지춘추관사知春秋館事 권근權近 등에게 하·은·주 이후부터 고려까지의 비빈妃嬪과 시녀의 수를 조사하라고 명하였다.

예조에서 상소하였다.

신 등이 「혼의」昏義:『예기』(禮記) 49편 중 하나를 살펴보았는데 '제후는 9명의 여인을 얻을 수 있습니다. 다른 제후국에서 비빈을 맞아들일 때는 잉첩媵妾이라 하여 여동생과 조카딸이 모두 따라왔습니다. 경대부卿大夫는 1처 2첩이며, 선비는 1처 1첩입니다. 이는 대를 잇는 자손을 많이 낳고 음란함을 막으려는 뜻입니다.

고려는 혼인의 예禮가 명확하지 않아 정실과 첩의 제한이 없었습니다. 많을 때에는 분수에 넘칠 정도였고, 적을 때에는 후사가 끊길 정도였습니다. 이처럼 선왕의 제도를 따르지 않아 인륜의 도가 어지러워졌으니 이는 작은 일이 아닙니다. 우리나라는 모든 일을 옛법에 따라 시행하고 있는데, 혼인의 예만은 아직도 고려와 같아서 바람직하지 못합니다. 전하께서 선왕의 제도에 따라 혼인의 법도를 정하여 후계를 잇게 하시고, 여인의 수 또한 제한하여 인륜의 근본을 바르게 하소서. 만약 이를 어기면 사헌부에서 다스리게 하소서.

임금이 윤허하였다.

이때는 임금이 즉위하고 얼마 되지 않은 때라 빈첩이 갖추어지지 않았고 시녀만 있었다. 투기가 심한 중전으로 인해 왕의 사랑이 아래로 이르지 못하자 임금이 빈첩을 갖추고자 한 것이다.

_ 태종 2년(1402, 임오) 1월 8일

상감께서는 어찌 저를 잊으려 하십니까?

성균악정成均樂正 권홍權弘의 딸을 별궁으로 들였다. 처음에 중전의 어머니인 대부인大夫人 송씨宋氏가 중전에게 말하였다.

"궁녀가 점점 많아지니 걱정이 됩니다."

중전의 투기가 점점 심해졌다.

임금이 권씨가 어질다는 말을 듣고 예를 갖추어 맞아들이려고 했다. 그러자 중전이 임금의 옷을 붙잡고 말하였다.

"주상께서는 지난날을 잊으셨습니까? 제가 주상과 함께 고난을 이겨 내며 난을 다스렸기에 오늘 이 나라가 있는 것입니다. 그런데 이제 와서 어찌 저를 잊으시려 합니까?"

중전은 울기를 그치지 않았고 음식도 들지 않았다. 그러자 임금이 가례색嘉禮色: 임금이나 왕세자 및 왕세손의 성혼 때 일을 맡은 임시 관아을 그만두라 명하고, 내관과 시녀 몇 사람만으로 권씨를 별궁에 들였다. 임금은 별궁에 들어서 며칠 동안 정사를 듣지 않았고, 중전은 마음의 병을 얻었다.

_ 태종 2년(1402, 임오) 3월 7일

3-2. 공신 이거이의 축출

병권을 잃은 이거이의 원망

사헌부 겸 대사헌 권근權近과 문하부좌산기門下府左散騎 김약채金若采 등이 사병을 혁파해야 한다는 내용의 상소를 함께 올렸다.

상소가 올라오자 임금이 세자太宗와 더불어 의논하고 곧 사병 혁파를 시행하였다. 이날 여러 절제사가 거느리던 군마를 해산해서 모두 집으로 돌아가게 하였다. 그런데 평주平州: 황해도 평산에서 사냥하고 있던 이거이李居易의 아들 이저李佇가 돌아오지 않았다. 이에 삼군부三軍府에서 사람을 보내 빨리 돌아올 것을 독촉하였다. 이거이 부자와 병권을 잃은 자들이 모두 섭섭한 마음을 품고 밤낮으로 모여 격분해하며 원망하였다.

_ 정종 2년(1400, 경진) 4월 6일

이거이를 반란죄로 몰다

서원부원군西原府院君 이거이와 그의 아들 상당군上黨君 이저에게 고향인 진주로 돌아가라는 명이 내렸다. 처음에 임금이 의안대군義安大君 이화李和: 이성계의 이복동생와 완산군完山君 이천우李天祐: 이성계의 조카 등에게 비밀리에 교지를 내렸다.

"신사년태종 1년, 1401년에 조영무趙英茂가 이거이 집에 갔을 때의 일을 나에게 말했었다. 이거이가 말하기를 '우리의 부귀가 지금은 지극하다. 그러나 옛말에 부귀를 끝까지 보전하기는 어렵다 했으니 빨리 대책을 세워야 한다. 상왕정종은 큰일 만들기를 좋아하지 않고, 임금의 아들들이 우리를 끝까지 돌보지는 않을 것이다. 그러니 이들을 베고 상왕을 모셔야 한다'라고 했었다. 내가 조영무에게 이 말을 발설하지 말라고 한 지 4년이 지났다. 이거이와 조영무는 나이가 많이 들었다. 만약 둘 중 한 사람이 먼저 죽는다면 그 사실을 판별하기 어려워진다."

임금이 해당 관청 모르게 이거이를 불러 조영무와 대질하여 옳고 그름을 가리게 하였다.

이화와 상락부원군上洛府院君 김사형金士衡 등 35명이 입궐해서 이거이의 말을 관청에 알릴 것을 청하였다. 임금이 종친과 공신, 삼부와 대간들을 궁궐 뜰에 모이게 하고 이거이와 조영무의 말을 잘 듣고 판별하라는 명을 내렸다.

_ 태종 4년(1404, 갑신) 10월 18일

이거이의 항변

임금이 대신을 시켜 이거이에게 물었다.

"조영무에게 이런 말을 했느냐?"

이거이가 말하였다.

"아들 둘이 임금의 사위*가 되었고, 신은 정승이 되었는데 무엇이 부족해서 이런 말을 했겠습니까?"

조영무에게 묻자 대답하였다.

"신사년에 신이 이거이의 집에 갔을 때, 이거이가 말하기를 '우리의 부귀를 보존할 계책을 마련해야 한다. 주상의 여러 아들들은 어린 아이다. 분명 우리를 싫어해서 없애려고 할 것이니, 상왕을 섬기는 것만 못하다'라고 하였습니다."

이거이가 조영무에게 말하였다.

"어찌하여 나를 죽이려 하는가?"

* 이거이의 맏아들 이저는 태조의 맏딸 경신공주에게, 둘째아들 이백강은 태종의 맏딸 정순공주에게 장가들었다. 이저는 뒤에 이름을 이백경(李伯卿)으로 고쳤다.

조영무가 말하였다.

"당신이 죽고 사는 것이 내게 무슨 손해가 되고 이익이 되겠소? 또 우리는 함께 공신이 되어 집안을 일으킨 사람들이오. 다만 군신의 도리가 붕우의 사귐보다 무거운 것이라 주상께 아뢴 것뿐이오."

하윤이 말하였다.

"진상이 밝혀졌으니 우리의 뜻을 주상께 올려야겠네."

_ 태종 4년(1404, 갑신) 10월 18일

반란죄로 다스리소서

종친과 공신들이 법에 따라 처리할 것을 청하자 대사헌 유양柳亮과 사간司諫 조휴趙休 등이 글을 올렸다.

"『춘추』春秋 「공양전」公羊傳에, '임금의 친척은 정권을 탈취하려는 야욕이 없어야 한다. 있다면 반드시 죽여야 한다'고 하였습니다. 이거이와 아들 이저는 본래 성질이 망령되고 배운 것도 없는데, 특별히 임금의 은혜를 입어 왕실과 혼인하고 높은 지위에 올랐으며, 집안사람들 또한 모두 높은 벼슬에 있습니다. 마땅히 언행을 삼가고 충성을 다해야 하는데 도리어 두 마음을 품어 법에 어긋난 말을 했으니, 이것이 어찌 하루아침에 품은 마음이겠습니까? 원컨대, 전하께서는 대의를 결단하시어 이거이와 이저를 국문하여 죄를 바로잡아 반역자들의 경계로 삼으소서."

_ 태종 4년(1404, 갑신) 10월 18일

이거이를 유배 보내라

임금이 이거이만 고향으로 내려 보내려 하자 대간들이 다시 뜰에 서서 청하였다.

"이거이는 마땅히 법으로 다스려야 합니다. 만세의 법은 인군도 폐할 수 없습니다."

임금이 말하였다.

"경들은 내가 막혔다[不通]고 할 것이다. 그러나 나는 이미 하늘과 땅에 공신을 보전하겠다고 맹세했다. 그러니 공신인 이거이 부자에게 죄를 줄 수는 없다."

유양柳亮이 말하였다.

"한때의 공훈 때문에 만세의 법을 버릴 수는 없습니다. 어찌 이거이 한 사람만을 소중히 여기시고 만세의 자손은 헤아리지 않으십니까? 한漢나라 고조高祖처럼 사사로운 정을 없애야 왕업을 오래도록 기약할 수 있습니다. 이거이는 임금을 업신여기는 마음을 오랫동안 가슴에 쌓았기에 말로 드러낸 것입니다. 또 그의 아들 이저 또한 망령된 자입니다. 이들을 법대로 처치하기를 청합니다."

임금이 말하였다.

"나는 이미 이들의 목숨을 보전시키려고 마음을 정했다. 경들이 비록 죄를 주라 해도 끝내 들어주지 않을 것이다. 또 이저는 처음에는 이 일을 알지 못했고, 어리석은 자가 아니니 이거이가 유배되면 스스로 아비를 따라갈 것이다."

유양이 말하였다.

"진晉나라의 조순趙盾은 영공靈公과 뜻이 맞지 않자 망명길에 올랐습니다. 그런데 조순이 국경을 채 넘지 않았을 때 그의 부하 조천趙穿이 영공을 시해했습니다. 이를 두고도 조순이 임금을 죽인 것이라 하여 『춘추』에서는 큰 잘못이라고 비난했습니다. 하물며 이거이의 죄는 『춘추』에 의하면 '죽일 수 있는 죄'에 해당합니다. 그런데 지금 부귀해져서 고향으로 돌아가게 한다면 이는 죄를 주는 것이 아니라 도리어 명예롭게 하는 것입니다. 그러니 전하께서 이거이를 유배 보내라고 하셔도 신들은 잡아 놓고 '죽일 수 있는 죄'로 다스리겠습니다. 이거이가 조영무에게 말했는데 어찌 아들 이저에게 말하지 않았겠습니까? 이저 또한 같은 죄에 해당합니다."

그리고 유양이 분개하며 박석명朴錫命에게 말하였다.

"신들은 주상께 직접 말씀을 올릴 수 없지만, 지신사^{도승지} 또한 공신인데 어찌 주상께 말하지 않습니까?"

박석명이 말하였다.

"어찌 말하지 않았겠습니까? 그러나 주상께서 '다시 들어오지 말라'며 문을 닫아 버리셨습니다."

하윤이 말하였다.

"이거이 부자는 죄가 크니 법으로 다스려야 합니다. 그러나 주상께서 공신이라 보전시키고자 하신다면 부자를 함께 유배 보내는 것이 좋겠습니다."

임금이 말하였다.

"만약 부자를 함께 유배 보내면 그들은 '이제 죽일 것이다'라고 생각할 것이다. 이저는 나중에 보내는 것이 좋겠다."

공신들이 모두 명에 따라 물러나올 때 박석명이 유양에게 조용히 말하였다.

"주상께서 아침 일찍부터 정사를 들으셔서 매우 피곤하십니다. 이 일은 내일 마무리 하는 것이 좋겠습니다."

밤이 깊었는데 유양이 큰소리로 말하였다.

"뜰에 가득한 공신들이 난을 일으키려 한 죄인을 법으로 다스릴 것은 청하지 않고 단지 함께 유배 보내라고만 청하니, 신하된 자의 도리가 어디에 있다는 것인가!"

유양 등이 일곱 차례나 말을 했으나 임금께 전할 수 없어 물러났다.

_ 태종 4년(1404, 갑신) 10월 18일

이거이와 이저는 폐하여 평민으로 삼으라는 명이 내려졌다. 이거이의 둘째아들 청평군淸平君 이백강李伯剛 등 4명도 폐하여 유배 보냈다. 그러나 의정부에서 다시 상소하였다.

> 이거이 부자가 주상께 두 마음을 가졌기에 의정부와 삼성三省: 사헌부·사간원·형조과 삼공신三功臣: 개국공신·정사공신(定社, 1차 왕자의 난)·좌명공신(佐命, 2차 왕자의 난)이 그 죄를 청한 것입니다. 그러나 주상께서는 다만 고향으로 가게 하셨습니다. 이거이 부자는 임금을 보좌해 나라를 안정시킨 공신이고, 왕실과 연을 맺어 주상의 은혜를 크게 입었습니다. 그런데 두 마음을 가졌으니 그 죄가 참으로 큽니다. 원컨대 삼성의 청대로 죄를 밝게 밝히소서.

이거이와 이저의 자손은 벼슬에 오르지 못하게 하고, 친인척들에게도 벌을 주었다.

_ 태종 4년(1404, 갑신) 10월 24일

3-3. 주도면밀하게 제거된 외척들

두 아들의 불충죄를 너희 부모에게 전하라

편전에서 정사를 보았다. 신하들이 물러갈 때 병조판서 윤저尹抵·참찬의정부사參贊議政府事 유양柳亮·호조판서 정구鄭矩와 여섯 대언을 남게 하고, 여원군驪原君 민무휼閔無恤·여산군驪山君 민무회閔無悔·총제摠制 노한盧閈을 앞으로 나오게 하였다. 임금이 말하였다.

"여흥부원군驪興府院君은 중전의 아버지이고 세자는 외손자다. 내가 지난번에 부원군에게 세자전에 다니지 못하게 하였다. 그런데 들어보니 부원군 부부가 실망하여 운다고 한다. 부원군 부부가 세자를 키웠는데 왕래를 못하게 되었으니 우는 것은 마땅하다. 그러나 지금은 민무구閔無咎와 민무질閔無疾 두 아들이 귀양가 있어서 마음이 편하지 못할 것이다. 그래서 내가 세자전에 왕래를 못하게 한 것이다."

임금이 민무휼과 민무회에게 말하였다.

"귀양 간 너희 두 형은 '내가 언제 불충한 적이 있었던가?' 하고 생각할 것이고, 너희들과 너희 부모의 마음 역시 그럴 것이다. 내가 그 죄를 자세히 말해 줄 테니 부모에게 그대로 전하라.

너희 형들의 죄는 한두 가지가 아니다. 옛사람이 말하기를, '임금의 친족은 앞날의 정치를 도모할 수 없다'고 하였다. 정치를 도모한다면 불충이고, 이런 기미 또한 불충이다. 내가 임금이 되기 전에 너희 형제들이 내게 야박하게 대했다면 이는 화목하지 않은 것이지 불충이 아니다. 그러나 내가 한 나라의 임금이 되었는데 야박하게 대한다면 이는 불충이다.

전에 이거이가 불충한 말을 했을 때 그의 아들 이저 또한 아버지의 죄로 쫓겨났다. 그때 여러 신하들이 '아버지의 말을 아들인 이저가 몰랐겠습니까?'라고 했다. 그러니 지금 너희 형들의 죄 또한 부원군과 무관할 수 있겠느냐?"

_ 태종 7년(1407, 정해) 9월 18일

세자를 앞세워 세력을 키우려 한 죄

임금이 말하였다.

"민무구가 곁에 있을 때 내가 그의 뜻을 알고 싶어서 넌지시 물은 적이 있었다. '네가 지난번에 병권을 내려놓겠다고 했는데, 지금 내려놓을 수 있겠느냐? 네가 내려놓는다면 내 사위 조대림의 병권도 내려놓게 하겠다.' 이 말을 들은 민무구가 성난 표정으로 '만약 신이 사임한다면 전하의 사위 또한 반드시 사임해야만 합니다'라고 하였다. 이처럼 그 마음이 불경하고 말이 천박하였다.

또 하루는 내가 민무구에게 '세자의 동생들은 모두 어려서 결혼할 때는 아니다. 당나라 태종이 맏이가 아닌 아들을 궁에 두고 태자처럼 대해 주었더니 위징이 옳지 않다고 말하였다. 나도 이미 세자를 봉해서 별궁에 두었는데, 다른 자식들을 궁에 두었다가 지나치게 사랑하는 잘못을 저지를까 두렵다. 장가 들면 딴 집에 살게 하겠다' 하자, 민무구가 '그렇게 예방한다고 해도 난을 일으키려는 신하를 없애는 것만 못합니다'라고 하였다. 내 이 말을 듣고 두려워 소름이 끼쳤다. 형이 왕위에 올랐다고 동생들의 출입도 뜻대로 할 수 없게 한다면 이는 너무 고통스러운 일이 아니겠느냐! 예전에 내가 민무구에게 말했다. '장의동의 본궁을 헐고 조순의 옛 집터와 정희계의 집을 고쳐서 아들들을 살게 하고, 이로써 형제들이 서로 따르고 우애하며 공경하는 뜻을 두터이 하려 한다.'

그러자 민무구가 대답했다. '그렇게 되려면 반드시 그 사이에 부추기는 자가 없어야 할 것입니다.' 이 말은 아들들이 난을 꾸밀 것이니 제거해야 한다는 것이다. 이는 세자에게는 충성을 다하는 것이지만 내게는 불충인 것이다. 어찌 아비에게는 이렇게도 야박하게 대하고 세자만 위할 수 있는 것이냐!"

_ 태종 7년(1407, 정해) 9월 18일

이 모든 죄는 참소가 아니다

임금이 또 말했다.

"이처럼 내가 많은 말을 하면 민무구 형제는 반드시 내가 참소譖訴: 남을 헐뜯어서 죄가 있는 것처럼 꾸며 윗사람에게 고하여 바침를 들었기 때문이라고 할 것이다. 그러나 내가 현명하지는 못하지만 참소를 그대로 믿지는 않는다. 옛날에 민무구가 참소한 적이 있지만 내가 믿지 않았다. 그때에도 그랬는데 지금 내가 다른 사람의 참소를 믿겠느냐?

그리고 너희 형제 중 민무질의 죄는 가볍다. 민무질은 '전하가 나를 싫어하셔서 끝내 목숨을 보전하지 못하리라'고 단산부원군丹山府院君 이무李茂와 구종지具宗之에게 몇 마디 했을 뿐이다."

_ 태종 7년(1407, 정해) 9월 18일

민무구와 민무질, 자결하게 하라

의정부에 명하였다.

"내가 예전에 이무를 사형시킨 것이 지금까지 마음에 걸린다. 옛날 한나라 문제文帝가 외숙부 박소薄昭를 베어야 할 때 스스로 목숨을 끊게 했으니, 경들도 이 법에 따라 시행하라."

순금사호군巡禁司護軍 이승직李繩直과 형조정랑刑曹正郎 김자서金自西를 제주도에 보내 민무구와 민무질을 자결하게 하였다.

_ 태종 10년(1410, 경인) 3월 17일

무심코 한 말이 죄가 되다

대간에서 상소를 올려 민무휼과 민무회의 죄를 청하였다. 상소의 내용은 이러하다.

민무휼과 민무회에게 계사년태종 13년, 1413년 중궁이 아프셨을 때, 세자 양녕과 나눈 말이 무엇인지 여러 차례 물었습니다. 그런데 잊어버렸다며 솔직한 대답을 하지 않습니다. 어제도 민무회에게 다시 물었지만 진실을 말하지 않고 있습니다. 신 등이 보건대, 민무회는 별 뜻 없는 말을 했다고 하지만 그 마음을 헤아리기 어렵습니다. 이는 임금을 업신여기는 마음이 분명합니다.

또 민무휼은 세자에게 '밖으로 말이 새나가지 않게 해 달라'고 청했습니다. 그런데 삼성三省에서 심문하자 형제의 사사로운 정에 치우쳐 솔직하게 말하지 않고 있습니다. 청컨대, 직첩을 회수하고 민무회와 함께 국문하소서.

임금이 이 글을 보고 승정원에 명하였다.

"지금 큰 가뭄을 만났으니 일 처리에 작은 잘못도 있어서는 안 된다. 후세에 반드시 '우리 부자가 가려내기 어려운 일로 없는 죄를 만들어 사람을 모함했다'고 할 것이다. 그러니 너희들 육조와 대간들은 세자를 민무휼·민무회와 대질시켜 그 진위를 판별하라."

_ 태종 15년(1415, 을미) 6월 7일

민무휼·민무회와 세자의 진실공방

세자가 말하였다.

"계사년에 중궁이 편찮으실 때, 내가 두 대군과 함께 병시중을 들고 있는데, 두 외숙과 민계생이 병문안을 왔습니다. 두 대군이 탕약을 들고 안으로 들어가자, 내가 '외숙의 가문은 청렴하지 않습니다'라고 했습니다. 그러자 외숙 민무회가 '세자는 우리 가문에서 자라지 않았습니까?'라고 말했습니다. 내가 언짢아서 바로 안으로 들어가려 하니 외숙 민무휼이 따라와 '잡담이니 잊으십시오' 했습니다. 두 외숙이 이렇게 말하지 않았습니까?"

민무회가 대답하였다.

"어리석음이 심해서 기억이 안 납니다."

세자가 말하였다.

"하늘을 속일 수는 없습니다. 만약 외숙이 말하지 않았다면 내 어찌 이런 망령된 말을 하겠습니까? '친척과 화목하여 백성을 사랑하고, 백성을 사랑하여 만물을 사랑한다'고 했습니다. 내 어찌 가까운 두 외숙을 남 보듯 하겠습니까?"

민무회가 말하였다.

"다시 생각하니 세자의 말을 듣고, 불충죄로 죽은 형들 일이 떠올랐습니다. 그래서 저희 가문을 욕한다고 여겨 그렇게 말했습니다."

민무휼이 말하였다.

"저는 형님이 세자에게 우리 가문에서 자라지 않았냐고 묻는 말을 듣지 못했습니다."

윤향과 대간이 민무휼에게 물었다.

"그렇다면 세자의 말씀이 사실이 아니란 말인가?"

민무휼이 다시 말하였다.

"저는 듣지 못했습니다."

형조와 대간이 말하였다.

"민무회가 이미 자복했는데, 공은 어찌 대신이 모인 자리에서 진실을 말하지 않소?"

민무휼이 말하였다.

"아무리 생각해 보아도 저는 듣지 못했습니다."

여러 사람들이 말하였다.

"민무회가 이미 자복했는데, 공이 말하지 않는다고 무슨 소용이 있겠는가?"

_ 태종 15년(1415, 을미) 6월 7일

임금이 내관 최한崔閑을 시켜 민무휼에게 물었다.

"너는 육조·대간과 나를 모두 어리석다고 여겨 사실을 말하지 않는 것이냐? 국문을 해도 말하지 않을 것이냐?"

민무휼이 대답하였다.

"다시 생각해 보니, 신이 '잡담이니 잊기 바랍니다'라고 말했습니다."

임금이 전하여 말하였다.

"너는 무슨 마음으로 그 말을 한 것이냐?"

민무휼이 대답하였다.

"그때 헤어지며 '잡담이니 잊기 바랍니다'라고 말하고 각자 돌아갔을 뿐입니다. 무슨 마음이 있었겠습니까?"

_ 태종 15년(1415, 을미) 6월 7일

외척은 항상 경계하라 하지 않았느냐?

임금이 말하였다.

"내가 항상 너희에게 경계하라고 하지 않았느냐. 진나라 때 신임을 얻었던 중신 왕도王導와 난을 일으켰던 부마 왕돈王敦*, 주나라의 명신 주공과 반란을 일으켰던 주공의 동생 관숙·채숙**의 일을 그렇게 간절히 말했는데, 너는 끝내 사실대로 고하지 않는단 말이냐?"

육조와 대간이 아뢰었다.

* 왕도(王導)는 진(晉)나라 명제(明帝) 때의 중신(重臣)으로 승상(丞相)이 되어 조야에서 중부(仲父)라고 부를 정도로 신망을 얻고 뒤에 태부(太傅)가 되었다. 종형인 왕돈(王敦)은 부마가 되자 공을 믿고 권세를 부리다가 마침내 난을 일으켰다.
** 문왕(文王)의 아들로서 형 무왕(武王)을 받들어 은(殷)의 주왕(紂王)을 치고 성왕을 도와 주(周) 왕실의 기초를 다졌던 주공(周公)의 동생들인 관숙(管叔)과 채숙(蔡叔)은 중앙 정부에 반감을 품고 은(殷)의 반경(盤庚)과 더불어 삼감(三監)의 난을 일으켰다.

"잠깐 동안에도 처음 말과 두번째 말이 이렇게 다른데, 만약 사나흘이 지나면 반드시 다른 꾀가 나올 것입니다. 청컨대, 오늘 안에 죄명부터 작성하고 대부인원경왕후의 모친의 병이 나을 때까지 기다리소서."

임금이 말하였다.

"더위가 심하고 몸도 편치가 않으니 내일 조계朝啓: 중신과 대간 등이 편전에서 벼슬아치의 죄를 논하고 단죄하기를 임금에게 아뢰던 일 때 결정하겠다."

_ 태종 15년(1415, 을미) 6월 7일

민무휼과 민무회, 죽고자 한다면 금하지 말라

의금부도사義禁府都事 이맹진李孟畛을 원주로 보내고, 송인산宋仁山을 청주로 보내서 고을의 수령에게 명하였다.

"굳게 지켜 도망하지 못하게 하고, 만약 스스로 죽고자 하면 금하지 말라."

15일에 이맹진이 돌아오고, 16일에 송인산이 돌아와서 아뢰었다.

"민무휼과 민무회가 모두 자결했습니다."

_ 태종 16년(1416, 병신) 1월 13일

3-4. 공사를 분별 못해 추방된 이숙번

이숙번이 있는데 하늘이 비를 주겠느냐

앞서 임금이 우의정 박은朴쁳과 병조판서 이원李原에게 이숙번의
죄를 알려 주었다.

임금이 가뭄을 걱정하고 있을 때였다. 여러 대신들이 매일같
이 의논을 하고 있는데 이숙번은 병을 핑계로 여러 달 동안 궁
궐에 나오지 않았다.

임금이 승정원에 전하여 물었다.

"요사이 이숙번은 어찌하여 나오지 않느냐?"

그리고 불경과 무례 등 여섯 가지 죄목을 말하였다.

"이 같은 신하가 있으니 하늘이 비를 주겠느냐?"

좌대언 서선徐選이 말하였다.

"지난 5월 25일 강무와 관련해서 이숙번의 집에 갔을 때였습

니다. 이숙번이 '오늘 정사는 어떠했는가?'라고 묻기에 '박은이 우의정이 되었다'라고 말했습니다. 그러자 이숙번이 기쁘지 않은 표정으로 '박은은 일찍이 내 밑에 있었는데, 운이 좋은 자다'라고 말했습니다. 그 말에는 '어찌 나를 버리고 박은을 천거하였는가?' 하는 서운함이 있는 것입니다."

삼공신三功臣과 우의정 박은 등이 상소하였다.

공자가 말하기를 '임금을 섬김에 예를 다한다'고 하였고, 또 '신하는 충성으로 임금을 섬긴다'고 했습니다. 만약 신하가 무례하고 불충하다면 이보다 큰 죄는 없습니다. 이숙번은 주상의 은혜를 크게 입었기에 충성과 예를 다해 갚아야 합니다. 그런데 예전에 주상이 칠성군漆城君 윤저尹抵에게 '붕당을 만들지 말라'고 주의시킨 것이 이숙번에게도 전해졌습니다. 이를 들은 이숙번이 분개하고 원망하는 마음을 가져 주상을 뵐 때 이를 얼굴에 드러냈습니다.

참찬의정부사參贊議政府事 때에는 정승 하윤과 함께 주상을 뵙고 난 후 이숙번이 먼저 나오고 하윤은 남아서 국정을 아뢰고 있었습니다. 그때 이숙번이 계단 아래에 숨어서 엿듣고 의심하는 마음을 가졌습니다.

주상께서 태안에서 강무하실 때에는 이숙번이 하윤의 말을 전하기를 '순제'(蓴堤: 충청도 태안군의 서쪽 산마루에 있던 둑)에 개천을 파는 것은 의견만 분분하고 결정을 못 내렸습니다. 주상께서 친히 보시고 결정하소서'라고 말했습니다. 그런데 이후에 성상께서 그곳에 직접 가셔서 여러 대신들과 의논할 때에는 옆에서 한마디도 하지 않았습니다. 더욱이 주상께서 다시 물었는데도 대답하지 않았으니 이는 배반하는 마음을 품었기 때문입니다.

또 민무구와 민무질의 일은 임금께서 내린 큰 결단이었습니다. 그런데 이숙번은 '이 일로 세자가 신을 원망하지 않겠습니까?'라고 말하더니 며칠 뒤에는 '지금부터 신 등은 항상 세자 곁에 있겠습니다'라고 말을 바꿨습니다. 이 또한 임금을 배반하는 마음이 있기 때문입니다. 무례하고 불충함이 이렇게 심합니다. 바라건대, 국문하여 그 죄를 밝혀 후대에 무례하고 불충한 자들의 경계로 삼으소서.

임금이 예조우참의(禮曹右參議) 정효문(鄭孝文)에게 명하여 이숙번에게 자신의 죄를 반성하게 한 후, 원하는 대로 연안부(황해도 연백군)에 가서 살게 하였다.

그러자 사헌부 대사헌 김여지(金汝知) 등이 상소하였는데, 그 내용을 간략히 줄여 주요한 것만 말하면 다음과 같다.

대신이 원한 곳이라 해도 외방에 살게 하는 것은 가볍게 여길 일이 아닙니다. 원컨대, 국문하시고 법대로 처리하소서.

사간원 우사간대부右司諫大夫 박수기朴堅基 등이 상소하였다.

가만히 생각하건대, 공이 있는 신하는 백성들이 우러러봅니다. 이숙번은 1품의 지위에 올랐으니 추방당한다 해도 백성들이 그 죄를 알지 못합니다. 바라건대, 국문하여 백성들이 모두 알게 하소서.

형조판서 안등安騰 등이 상소하였다.

신들은 삼공신이 상소한 이유를 모르고 있다가, 이숙번이 성문 밖으로 나갔다는 말을 듣고서야 죄 때문임을 알았습니다. 이숙번은 지위가 1품에 이르고 임금의 은혜가 컸던 신하입니다. 그 죄가 종묘사직과 관계없다면 삼공신이 어찌 죄를 청하였겠습니까? 전하께서 갑자기 도성 밖으로 내쫓으시니 신하와 백성들은 그 이유를 모르고 그저 놀랄 뿐입니다. 비록 한미한 선비라도 죄가 있으면 반드시 의금부에서 국문하고 죄를 정하는 것이 나라의 법입니다. 하물며 이숙번과 같은 공신은 어떻겠습니까? 원컨대, 직첩을 거두고 국문하여 죄를 바로잡아 후대의 경계로 삼으소서.

임금이 듣지 않았다.

_ 태종 16년(1416, 병신) 6월 4일

주상의 말씀을 잊지 않고 있습니다

형조와 대간에서 상소하였다. 상소의 내용은 이러하다.

죄 있는 자에게 벌을 내리면 악을 행하는 자는 두려움을 갖습니다. 그런데 같은 죄에 벌을 달리 하면 악을 행하는 자를 징계할 수 없습니다. 구종수·이오방 등이 몰래 궁궐에 들어왔으니 죄가 극형에 해당합니다. 그런데 전하께서 너그러움으로 단지 귀양 보내는 것에 그치셨습니다. 이제 구종수·이오방의 큰 죄가 드러나니 죽어도 모자랄 지경입니다. 구종지·구종유 등이 내통하여 공모하였으니 모두 극형에 처해야 마땅합니다.

이숙번은 불충한 죄를 범하고도 특별히 임금의 은혜로 목숨을 보전하였습니다. 마땅히 말과 행동을 삼가고 조심해야 옳을 것입니다. 그런데 자기의 사사로운 일로 구종수와 내통하였으며, 또 구종수의 청을 듣고도 사실을 숨기고 조정에 알리지 않았습니다. 이는 아직도 이숙번이 마음을 고치지 않은 것이 분명합니다. 바라건대, 담당 관청에 명하여 말씀 올린 죄인들을 모두 국법으로 다루소서.

오래전에 이숙번이 사사로이 임금에게 아뢰었다.

"신은 임금의 은혜를 지나치게 입었습니다. 신이 우매한 것이 많아 설령 죄를 짓더라도, 엎드려 바라건대, 성상께서 목숨을 보전하여 주소서."

임금이 말하였다.

"종묘사직에 관계되지 않는 일이라면 너의 청대로 보전해 주겠다."

이때에 이르러 이숙번이 아뢰었다.

"예전에 주상께서 신의 목숨을 보전해 주겠다고 하신 말씀을 신은 늘 잊지 않고 있습니다."

이 말을 들은 임금께서 의금부도사義禁府都事 김안경金安卿에게 명하여 금령역金嶺驛에 있던 이숙번을 잡아 오게 하여 의금부에 가두고 하교하였다.

"전에 내가 말한 것은 종묘사직과 관계되지 않는 일뿐임을 너는 알라."

그리고 함양으로 추방하였다.

_ 태종 17년(1417, 정유) 3월 4일

3-5. 하윤과 태종, 코드가 맞은 두 남자

첫 만남

하윤河崙은 여흥부원군驪興府院君 민제閔霽와 뜻을 같이 한 친구였
다. 관상을 잘 보는 하윤이 민제에게 말하였다.

"내가 관상을 많이 보았지만 공公의 둘째사위태종 같은 사람은
없었소. 내가 뵙고자 하니 공이 내 뜻을 사위에게 말하여 주시
오."

민제가 정안공태종에게 말하였다.

"하윤이 군君을 보고자 한다."

정안공을 만난 하윤이 마음을 다해 섬겼다.

_ 태종실록 총서

함께한 길

진주 사람 하윤은 순흥부사順興府使 하윤린河允麟의 아들이다. 지정至正 을사년공민왕 14년, 1365년 과거에 합격했는데, 시험관인 이인복李仁復이 한 번 보고 아우 이인미李仁美의 딸과 혼인시켰다. 신해년1371년에 지영주知榮州가 되었고, 고공좌랑考功佐郎의 벼슬을 거쳐 첨서밀직사사簽書密直司事가 되었다. 무진년1388년에 최영崔瑩이 군사를 일으켜 요동을 공격할 때 하윤이 불가함을 말해 양주襄州: 현 강원도 양양군로 추방되었다.

태조太祖가 즉위하고 계유년태조 2년, 1393년에 경기도관찰사로 등용되었다. 태조가 도읍을 계룡산으로 옮기려고 공사를 시작했는데 감히 정지를 청하는 신하가 없었다. 하윤이 홀로 힘써 청하여 정지하였다. 갑술년태조 3년, 1394년에 첨서중추원사簽書中樞院事가 되었다.

병자년태조 5년, 1396년에 중국 고황제高皇帝가 우리가 보낸 표문의 내용이 공손하고 바르지 못하다고 하며 문장을 쓴 정도전을 입조시키라 명하였다. 태조가 정도전을 보내는 문제에 대해 공신들에게 비밀리에 물었다. 모두 보내지 않아도 된다고 하는데, 하윤 홀로 보내야 한다고 말하자 정도전이 원망하였다.

태조가 하윤을 명나라 수도에 보냈다. 하윤이 황제에게 표문의 내용을 자세히 밝혀서 일을 잘 해결하고 돌아왔다. 그때에 정도전과 남은이 어린 세자^{이방석}를 끼고 여러 적자嫡子들을 해치려고 하였고, 이에 화禍가 헤아릴 수 없을 지경에 이르렀다. 하윤이 정안공^{태종}의 집에 갔을 때 정안공이 사람들을 물리치고 하윤에게 계책을 물었다. 하윤이 말하였다.

"이제 다른 계책이 없습니다. 먼저 이들을 없애야 합니다."

정안공이 말이 없자 하윤이 다시 말하였다.

"이것은 다만 아들이 아버지의 군사를 쳐서 죽음을 면하는 것입니다. 비록 임금^{태조}께서 놀라신다 한들 어찌하겠습니까?"

무인년^{태조 7년, 1398년} 8월에 변란^{1차 왕자의 난}이 일어났다. 충청도관찰사로 있던 하윤은 재빨리 말을 달려 서울에 이르자 정안공을 도울 사람들을 모으고 군사를 일으켜 따르게 하였다.

왕위를 이은 상왕^{정종}은 하윤에게 정당문학政堂文學을 제수하고 1등 정사공신定社功臣을 삼고, 진산군晉山君의 작위를 내렸다. 경진년^{정종 2년, 1400년} 5월에 판의흥삼군부사判義興三軍府事가 되고, 9월에 우정승右政丞이 되었다.

경진년 11월에 임금^{태종}이 즉위하자 1등 좌명공신佐命功臣으로 삼았다. 신사년^{태종 1년, 1401년} 윤3월에 일에서 물러났다가 임오년^{태종 2년, 1402년} 10월에 다시 좌정승이 되었고, 영락황제의 등극을 하례하러 명나라에 갔다. 명나라 예부에 "새 천자가 천하와 더불어 다시 시작하였으니, 청컨대 우리 왕의 작명을 고쳐 주소서" 하고 글을 올렸다. 이를 아름답게 여긴 황제가 계미년태종 3년, 1403년 4월에 고명과 인장을 내려 주자 명나라 사신 고득高得 등과 함께 받들고 왔다. 임금이 이에 특별히 토지와 노비를 내려 주었다.

갑신년태종 4년, 1404년 6월에 가뭄의 책임을 지고 물러났다가 을유년태종 5년, 1405년 정월에 복직하였는데 정해년태종 7년, 1407년 7월에 또 가뭄으로 물러나기를 청하였다.

기축년태종 9년, 1409년 겨울에 이무李茂가 죄를 짓자 온 조정이 죽이기를 청하였다. 그러나 하윤만이 홀로 살려주기를 청하자, 임금이 대답을 하지 않고 안으로 들어가며 말하였다.

"하윤이 '죽일 수 없다'고 하니, 이 말은 실로 그 마음에서 나온 것이다."

을미년태종 15년, 1415년 여름에 이직李稷이 유배되었다. 임금이 내전에서 하윤을 만났는데, 말없이 웃으니 임금이 그 까닭을 물었다. 하윤이 대답하였다.

"이직이 외방으로 내쳐질 죄를 지었습니까?"

임금이 대답하지 않았다.

임진년태종 12년, 1412년 8월에 다시 좌정승이 되고, 갑오년태종 14년, 1414년 4월에 영의정부사가 되었다. 70의 나이가 된 금년 봄에 벼슬을 사양하고 물러나기를 청하니, 임금이 오래도록 허락하지 않았다. 하윤이 더욱 간절히 물러나기를 청하자 임금이 허락하여 부원군의 직첩을 받고 집으로 나아갔다.

_ 태종 16년(1416, 병신) 11월 6일

하윤이 태조를 비방했다?

삼공신三功臣과 대간臺諫에서 하윤과 권근의 죄를 청하였다. 삼공신이 아뢰었다.

"두 사람이 지은 이색李穡의 행장行狀: 죽은 사람이 평생 살아온 일을 적은 글과 비문에 '공양군恭讓君: 고려의 마지막 왕이 즉위할 때, 권세를 가진 자用事者가 이색 공公이 뜻을 함께하지 않자 헐뜯고 경기도 장단으로 내쳤다'고 쓰여 있습니다. 이때 우리 태조께서 좌시중이셨으니, 권세를 가진 자는 바로 태조를 가리킨 것입니다. 청컨대, 대불경의 죄를 가하소서."

임금이 말하였다.

"하윤과 권근은 모두 나의 충신이다. 어찌 우리 태조를 비방했겠느냐? 처음에 이색이 조준·정도전과 사이가 좋지 않았다. 이색의 제자인 하윤과 권근은 스승의 복수를 하겠다는 생각으로 그렇게 쓴 것이지, 태조께 억울하고 원통한 감정을 품어서 쓴 것이 아니다. 이는 종묘사직에 관계되는 일도 아니다. 그러나 복수가 재상의 도리는 아니다. 이미 죽은 권근에게 죄를 줄 수는 없지만, 하윤은 집에서 근신하게 하였다. 그러니 경들은 다시 말하지 말라."

집의執義 조치曹致가 아뢰었다.

"하윤과 권근이 정몽주에게 붙어서 조준·정도전·남은을 꺼렸습니다. 사사로이 미워한 것이라면 용인할 수 있지만 만일 태조의 추대를 꺼린 것이라면 이 일이 어찌 종묘사직과 관계가 없겠습니까? 만일 정몽주가 살아서 두 사람이 뜻을 얻고, 조준의 무리를 죽였다면 태조의 개국은 이뤄지지 못했을 것입니다. 정몽주가 형벌로 죽임을 당한 후에 개국이 이뤄진 것은 큰 다행이었습니다. 그들의 행적을 보면 행장과 비명에 실린 일은 모두 억울하고 원통한 마음에서 나온 것이 분명합니다."

좌사간 이명덕李明德이 아뢰었다.

"두 사람이 처음에 정몽주에게 붙어서 조준 등을 꺼렸지만 전하가 천명을 받들게 되자 모두 정성스럽게 받들고 추대한 공으로 종사의 신하가 되었습니다. 그러면 당연히 조준 등을 형제처럼 보아야 옳습니다. 그런데 그렇게 하지 않았으니 처음에 꺼렸던 마음을 잊지 않고 있었기에 이렇게 쓴 것입니다. 전하께서는 '본심이 아니다'라고 말씀하시지만 아주 짧은 시구도 마음에서 나오는 것입니다. 하물며 행장과 비명에 어찌 마음에도 없는 것을 쓰겠습니까? 원컨대, 죄를 내리소서."

임금이 말하였다.

"하윤을 정사에 참여하지 못하게 한 것으로 족하다. 다시는 말하지 말라."

그리고 나서 임금이 하윤의 아들 총제攬制 하구河久를 불러 말하였다.

"최근에 삼공신과 대간이 경의 아비를 죄주라 청했지만 내가 따르지 않았다. 아비에게 두려워 말라 전하라."

_ 태종 11년(1411, 신묘) 7월 1일

하윤은 역사에 남을 신하다

남재와 이숙번 등 공신과 대간들이 다시 하윤과 권근의 죄를 청하자 임금이 노하여 말하였다.

"대간은 간언을 올렸는데 임금이 들어주지 않으면 떠날 수 있다. 하지만 공신은 그런 신하가 아니다. 어찌 이렇게 번다하게 하느냐? 하윤의 글이 만일 태조를 가리킨 것이라면 내가 어찌 불쌍히 여기겠느냐? 지금 하윤을 물러나게 하여 집에 있게 한 것이 죄를 준 것이다."

대간에서 또 청하자 임금이 말하였다.

"죄가 의심스러우면 가볍게 벌하는 것이 옛 가르침이고, 대간은 세 번 간해서 들어주지 않으면 떠나는 것 또한 옛 법이다."

그리고 지신사知申事 김여지金汝知 등을 불러 성난 얼굴로 말하였다.

"하윤은 고금을 통달하였고 충성을 다하는 신하다. 이 같은 신하는 역사책에도 많지 않다. 그런데 공신과 대간은 무슨 마음으로 하윤을 기어이 쫓아내려 하느냐? 너희들이 의논해서 올린 각 관청의 일은 한 가지도 내 뜻에 부합하지 않지만 하윤은 일마다 큰 도움을 주었다. 우리나라에 이런 신하가 있다는 것이 자랑스럽지 않느냐?

어째서 이런 내 뜻을 여러 신하들에게 전하지 않느냐? 하늘을 두고 맹세코 너희들은 하윤에게 죄가 있다고 할 수 있겠느냐? 너희들이 하윤에게 죄가 없다고 생각하면서도 내게 직언을 못하는 이유는 밖에 나가면 책망하는 자들이 있을까 두려워하기 때문이다. 내가 대간과 수령의 경험이 없어서 관리들의 이런 폐단을 알지 못했는데 오늘에서야 알겠다.

임금이 누군가를 나쁘다고 하면 온 나라가 따르고, 한 재상이 누군가를 옳지 않다 하면 그 말을 따른다. 고려 말에 난리가 손바닥 뒤집듯이 일어난 것은 바른 말을 하는 신하가 없었기 때문이다. 능력 없는 너희들이 도리어 하윤을 해치고자 하니 부끄럽지 않느냐?

임금의 말이 옳지 않은데 신하가 이를 바로잡지 못하고, 옳고 그름의 분별도 없이 물결치는 대로 남을 따라가는 것이 나라를 다스리는 옳은 도리냐? 어찌하여 선비의 기풍이 이렇게 쇠퇴하고 무너져 버린 것이냐? 너희가 생각해 보면 그 옳고 그름을 알 것이다."

임금이 오랫동안 진실로 애석하게 여겨 탄식하였다. 이는 하윤과 권근이 쓴 글의 내용을 이미 알고 있으면서도 고하는 자가 없었는데 임금께서 조사를 명하자 이제야 뇌동하여 모두 죄를 청하기 때문이다.

_ 태종 11년(1411, 신묘) 7월 2일

조선의 철인(哲人) 하윤 순직하다

진산부원군 하윤이 함경남도 정평定平에서 죽음을 맞았다는 소식이 올라왔다. 임금이 매우 슬퍼하며 눈물을 흘렸다. 3일 동안 조정을 폐하고 7일 동안 육류 없는 수라를 드셨다. 쌀과 콩 각각 50석, 종이 2백 권을 부의로 내리고 예조좌랑 정인지鄭麟趾를 보내 제사를 내렸다. 글은 이러하다.

원로대신은 인군의 팔과 다리이고, 나라의 기둥과 주춧돌이다. 살아서는 안락과 근심을 함께하고, 죽어서는 지극한 은혜를 다하는 것이 지금까지 변하지 않는 전례이다.

경은 천지가 쌓은 정기와 큰 산의 신령스런 기운을 받은 사람이다. 경의 밝고 드높은 학문은 나라를 빛낸 뛰어난 문장으로 드러났고, 충성과 신의와 너그러운 자질은 세상을 다스리고 이끄는 큰 도리가 되었다.

일찍 의정부와 중추원에 오르고 영의정을 네 번 지냈으니 도모하고 결단함에 뛰어나고, 계책에는 한 점의 미비함도 없었다. 사직을 안정시키고 임금을 도운 공훈으로 공신이 되었고, 한결같은 덕이 하늘에 닿아 이 나라를 보호하였다. 나이가 들면 정사에서 물러난다는 예에 따라 최근에 물러나기를 청하니, 내가 그 너그럽고 깊은 도량을 아름답게 여겨 억지로 청을 따랐다.

거듭 생각건대, 북방은 개국의 땅이고 조종祖宗의 능이 있어서 신하를 보내 살피고 싶었지만 적합한 사람을 찾기가 어려웠다. 경이 몸은 쇠하였으나 왕실에 대한 마음으로 먼 길 떠나는 수고를 마다하지 않고 나섰다. 능을 돌보는 것은 중요한 일이라 경에게 길을 떠나게 했는데, 교외에 나가 전송한 것이 이생의 영원한 이별이 될 줄 어찌 알았겠는가.

슬프다! 삶과 죽음은 세상의 변함없는 이치인데 무엇을 원망하겠는가! 다만 철인哲人의 죽음은 나라의 불행이다. 이제 큰일을 밝게 처리하고, 변함없는 목소리와 얼굴로 나라를 반석 위에 올릴 사람을 내가 바랄 수 있겠는가? 나는 이를 몹시 애석하게 여긴다. 특별히 예조 관원을 보내 제사를 지내니, 영혼은 이 제물을 받으라.

_ 태종 16년(1416, 병신) 11월 6일

하윤은 중후한 자질을 타고났으며 온화하고 말수가 적어 평생에 급히 서두르는 말소리와 얼굴빛이 없었다. 관리가 되어서는 일을 결단함에 머뭇거림이 없었고 계책을 정할 때에는 비방과 칭찬을 마음에 조금도 두지 않았다. 정승이 되어서는 일의 큰 줄기를 살리고, 좋은 의견과 비밀한 뜻을 임금에게 아뢴 것이 대단히 많았으며, 물러 나와서는 이를 절대 남에게 누설하지 않았다.

일을 처리할 때에는 한결같이 정성을 다해 거짓이 없었고, 벗은 믿음으로 대하며, 집안사람들을 어질게 대하니 어린 종에 이르기까지 모두 은혜를 품었다. 인재를 천거할 때는 능력이 미치지 못해도 조금이라도 훌륭하면 반드시 취하고 작은 허물은 감싸 주었다.

집에서는 사치스럽고 화려한 것을 좋아하지 않았고, 잔치하고 노는 것을 즐기지 않았다. 글 읽기를 좋아해서 손에서 책을 놓지 않았고, 성품이 침착하고 여유가 있었다. 차분히 시가詩歌를 읊을 때는 먹고 자는 것도 잊었다.

음양陰陽·의술醫術·천문[星經]·지리地理 모두 정통하였고, 젊은 후학들의 배움에 힘썼다. 나라의 정무는 주로 문한文翰을 맡았는데 외교와 관련된 저술은 반드시 하윤이 매만져 고치고 인정한 뒤에야 확정되었다.

죽기 전에 자손을 가르치고 이끌어 줄 글을 미리 지어 두었는데 그 내용이 세세하고 미미한 데까지 두루 갖추어져 있었다. 불씨佛氏와 노자老子를 배척하여 장사는 『주자가례』에 의하고 불가를 따르지 말라고 경계하였다. 하윤이 죽은 뒤에 이 글이 나오자 집안사람들이 글에 쓰인 대로 하였다.

_ 태종 16년(1416, 병신) 11월 6일

3-6. 태종이 아낀 심복, 조영무

궁녀를 첩으로 삼아 탄핵당하다

출궁한 궁녀를 첩으로 삼은 우정승 조영무趙英茂를 사헌부에서 탄핵하였다. 임금이 조영무가 조사받고 있다는 말을 듣고 사헌 지평司憲持平 이하李賀를 불러 말하였다.

"내가 즉위하고 2년 되었을 때, 김주의 딸 관음이 열 살의 나이로 궁에 들어와 다섯 달 동안 있었다. 그런데 어미가 진양 기생이라 관음을 궁에서 내보냈고 시집가는 것을 허락하였다. 이것이 벌써 십여 년 전이고 조영무가 첩으로 삼은 것도 오래전이다. 그런데 무슨 까닭으로 지금 탄핵을 하는 것이냐?"

이하가 대답하였다.

"부역을 피하는 관노비를 조사하다가 관기의 딸인 관음이 조영무의 첩이 된 것이 드러나 탄핵하는 것입니다."

사헌부에서 또 상소하여 조영무의 죄를 청하였지만 윤허하지 않았다. 대사헌 유정현이 다시 청하였다.

"신하의 예를 크게 잃은 조영무의 죄를 상소하여 청하였는데, 합당한 답을 아직 얻지 못했습니다. 신들은 이 여자가 비록 주상을 가까이서 모시지 않았지만 궁중에 다섯 달이나 있었으니 궁녀가 분명하다고 생각합니다."

임금이 말하였다.

"조영무는 공신이다. 죄를 줄 수는 없다. 경들이 거듭 청하지만 내가 그만두겠다는데 어떻게 죄를 줄 것이냐?"

유정현이 대답하였다.

"신하에게 불경한 마음이 있는데, 법을 지키는 관원이 그 죄를 청하지 않는다면 이 또한 불경죄에 해당합니다. 이것이 신들이 거듭 청하는 까닭입니다. 지금 '어떻게 죄를 줄 것이냐?'라고 말씀하셨는데, 신하가 불경한 죄를 지었다면 어찌 다스릴 법이 없겠습니까? 또 이런 조영무가 백관의 수장으로 있으니, 신들은 조영무와 함께 한 나라의 신하가 된 것이 부끄러울 뿐입니다."

임금이 말하였다.

"관음이 비록 궁에 들어왔지만 나를 가까이서 모시지 않았다. 또 전부터 풍문에 근거해서 탄핵하는 것을 금하라 명했는데, 경들이 풍문을 듣고 청하는 것은 옳으냐? 다시는 말하지 말라."

_ 태종 12년(1412, 임진) 6월 6일

이 죄로 파면할 수 없다

임금이 좌대언 이관을 조영무의 집에 보내 말하였다.

"사헌부가 죄를 청하지만 나는 따르지 않을 것이다. 경은 근심하지 말라."

조영무가 머리가 땅에 닿게 절하며 말하였다.

"임금의 높고 크신 은혜가 널리 미치니, 기쁘고 감사한 마음을 말로 다하기 어렵습니다. 신이 부족한 재주로 조정에 머문 지 7년이 되었습니다. 그 동안 여러 번 사헌부의 탄핵을 받아 부끄러워 얼굴이 붉어집니다. 바라건대, 신의 직책을 파면하고 어진 사람으로 대신하소서."

임금이 대언들에게 말하였다.

"지금 우정승을 교체하면 사람들은 '이 죄 때문이다'라고 말할 것이다."

사간원에서 상소하였다.

신들이 들어보니, 조영무가 궁녀 관음을 첩으로 삼았기에 사헌부에서 탄핵하여 불경한 죄를 바로잡고자 하는데, 전하께서는 합당한 답을 내리지 않고 너그러운 은혜만을 베푸십니다. 전傳에 이르기를, '신하는 공경하는 예에 머문다'고 했습니다. 만일 공경함이 없다면 어떻게 군신이 되겠습니까? 관음이 궁궐에서 나간 지 얼마 안 되서 조영무가 감히 첩으로 삼았습니다. 이는 욕망에 따라 함부로 행동한 것이고, 예에서 벗어나 임금을 공경하지 않은 것입니다. 어찌 신하의 행실이 이럴 수 있겠습니까? 원컨대, 전하는 사헌부가 밝힌 대로 불경죄로 징계하소서.

그러나 임금이 따르지 않았다.

_ 태종 12년(1412, 임진) 6월 6일

우정승 조영무가 직무를 내려놓고 물러나겠다는 글을 올렸으나 허락하지 않았다. 임금이 좌대언 이관을 보내 글을 돌려주며 명하였다.

"비록 대간이 청해도 내가 경의 충성과 곧음을 알고 있으니 믿고 꺼리지 말라. 대간이 말하는 것은 그것이 직책이기 때문이다."

_ 태종 12년(1412, 임진) 6월 10일

3-7. 한양을 건설한 박자청

박자청朴子靑*을 중군도총제中軍都摠制로 삼았다. 박자청은 황희석
黃希碩의 수행원 출신인데 건축물을 짓고 수리하는 데 부지런하
여 높은 벼슬에 발탁된 것이다.

_ 태종 7년(1407, 정해) 5월 8일

창덕궁에 누각樓閣과 침실을 짓고, 진선문進善門: 창덕궁의 중문 밖에
석교石橋를 놓았는데, 공조판서工曹判書 박자청으로 하여금 그 일
들을 감독하게 하였다.

* 박자청은 내시로 궁에 들어와 낭장(郞將: 조선 초기 의흥친군위에 속한 육품 무관 벼슬)이
되었다. 태조 2년(1393) 입직(入直: 관아에 들어가 차례로 숙직함) 군사가 되어 궁궐 문을
지킬 때였다. 의안대군 이화(태조의 이복동생)가 입궐하라는 명이 없는데 궁에 들어오려
하자 박자청이 막아섰다. 화가 난 이화의 발길질로 얼굴이 다치면서도 끝내 받아들이
지 않았는데, 이 사실을 알게 된 태조가 박자청을 가까이 두고 매우 신임하였다.

박자청이 하는 공사는 모두 내 뜻이다

형조에서 공조판서 박자청의 죄를 청하였다. 조성감역관造成監役官 박자청이 부역하는 무리 사이에 앉아 있는데, 부사직副司直오위(五衛)의 종5품 무관직 이중위李中位가 말을 타고 그 앞을 그냥 지나갔다. 박자청이 노하여 이중위를 붙잡아 매질을 하자 이중위가 형조에 고소를 했다.* 형조에서 이 사실을 묻자 박자청이 부인하였다. 그러나 일의 정황이 밝게 드러나 임금께 아뢴 것이다.

"박자청은 한미한 집안에서 태어나 성품이 망령되고 이치에 맞지 않지만 토목공사 능력이 뛰어나 주상의 총애를 받고 있습니다. 이중위를 때릴 때 감역관으로 있던 종부판사宗簿判事 이간李暕과 선공감繕工監 조진趙瑨 그리고 공조정랑工曹正郎 홍선洪善이 현장을 목격했습니다. 그런데 형조에서 물으니 모두 사실을 숨

---

* 당시 도성 안 행랑의 조성 감독 책임을 맡고 있던 박자청은 공조판서로 정2품의 높은 관직에 있었다. 그런데 종5품의 부사직에 있는 이중위가 박자청을 보고도 말에서 내려 인사를 하지 않고 그냥 지나간 것이다. 보잘것없는 집안 출신이라 자신을 무시한다고 여긴 박자청이 이중위를 붙잡아 구타하였고, 이중위는 자신이 억울하게 매질을 당했다며 이 일을 형조에 고소한 사건이다. 조선시대에는 형전소원조(刑典訴冤條)에 의해 억울한 일이 있다면 소장을 내서 고소할 수 있었다.

기고 있습니다. 이들 또한 대신에게 아부한 죄를 주소서."

임금이 윤허하지 않자 사헌부에서 또 상소하였다.

"박자청이 이중위를 멋대로 때렸으니 마땅히 죄주어야 합니다. 또 이간 등은 무리지어 박자청에게 붙어서 때리지 않았다고 말했으니, 청컨대 아울러 죄주소서."

임금이 말하였다.

"박자청은 권문세족이 아니라 미천한 출신의 사람이다. 어찌 무리지어 따르는 사람이 있겠느냐? 태조 때부터 박자청은 명을 따라 부지런히 일하여서 대신의 지위에 올랐다. 대신에게 이렇게 작은 일로 법을 따질 수는 없다. 마땅히 그대로 두라."

사간원과 형조에서 다시 조사를 하자 임금이 장무掌務: 담당 업무를 총괄하는 실무 책임자를 불러 말하였다.

"어찌 대간과 형조에서 박자청의 작은 죄를 조사하느냐? 마땅히 논하지 말라."

임금이 사간 이육李稑과 집의 한승안韓承顔에게 말하였다.

"박자청의 죄는 조정에 관계되는 죄가 아닌데 어찌하여 다시 말을 올린 것이냐? 대간과 형조는 종사에 관계되는 사안일 때 죄를 청하는 것이 옳다. 지금 박자청은 의흥부義興府 당상관堂上官: 정3품 이상이고, 이중위는 군사다. 박자청이 이중위의 무례함을 다스렸다 한들 무슨 죄가 되겠느냐? 만약 박자청이 조정의 신하를 욕보였다 해도 이것은 작은 죄다. 그런데 대간에서 이처럼 작은 일에 참견한다면 큰일은 어찌 처리할 것이냐?

너희들이 이러는 이유는 박자청을 미워하기 때문이고, 미워하는 까닭은 토목공사를 맡았기 때문이다. 태조 때에 내관 김사행金師幸도 공사를 맡았었다. 나라 사람들이 모두 '김사행이 태조께 권해서 공사를 일으켰다'라고 말했는데, 이는 김사행이 권한 것이 아니었다. 그때는 한양도성 건설이 시작되는 시기여서 공사는 모두 태조의 뜻에서 나온 것이었다. 오늘날 박자청이 하는 공사 또한 모두 부득이한 일이고 내 뜻에서 나온 것이다. 그런데 어째서 박자청을 이처럼 심하게 미워하느냐?"

한승안이 대답하였다.

"신들이 박자청을 사사로이 미워하는 것이 아닙니다. 형조에서 아뢴 것을 보면 박자청이 이중위를 때린 것은 분명하니 법에 따라 징계해야 하고, 현장에서 목격한 이간·조진·홍선의 무리가 권세에 눌려 숨기며 거짓을 맹세하니 선비의 기풍이 더러워졌습니다. 이 같은 무리를 지금 법으로 처결하지 않는다면, 앞으로 세력을 믿고 광폭한 짓을 하는 자와 권세가 두려워 아부하는 자가 있을 것입니다. 이는 풍속에 관계되는 큰일이 아닙니까?"

임금이 말하였다.

"이 일을 사헌부가 담당하는 것은 옳지만 어째서 사간원이 나서는 것이냐? 그리고 중요하지 않은 작은 일로 거의 다 이루어진 공사를 지체시키는 것은 불가하다."

_ 태종 12년(1412, 임진) 5월 14일

부지런해서 미움받는 것은 옳지 않다

임금이 형조에서 청한 박자청의 죄를 윤허하지 않자 사헌부에서 상소하여 거듭 청하였다. 임금이 윤허하지 않았다.

임금이 대언들에게 말하였다.

"나라 사람들이 모두 토목의 공역 때문에 박자청을 미워한다. 그러나 개성의 경덕궁과 한양의 창덕궁은 내가 거처하는 곳이고, 모화루慕華樓와 경회루慶會樓는 사신을 위한 곳이며, 개경사開慶寺와 연경사衍慶寺는 돌아가신 내 어머니를 위한 곳이다. 성균관을 짓고, 행랑*을 세우는 것 또한 나라에서 그만둘 일이냐? 이런 역사를 다른 재상에게 감독하게 하면 그도 역시 박자청과 마찬가지로 내 명을 따르지 않겠느냐? 박자청이 부지런하여 도리어 남에게 미움을 받고 있으니 이는 옳지 않다. 조성제조造成提調

* 태종은 1412년부터 약 2년 반 동안 행랑조성도감(行廊造成都監)을 설치하고, 네 차례에 걸쳐 도성 안에 2천6백여 칸의 행랑(行廊: 도성 내에 지은 상점 또는 집채)을 지었다.

를 다른 사람으로 아뢰어라."

의정부에서 아뢰었다.

"박자청이 일을 잘 알고 또 부지런하니 조성제조를 교체할 수
는 없습니다."

_ 태종 12년(1412, 임진) 6월 1일

四

신생 조선의 기틀을 만든 강력한 왕권

4-1. 사병혁파, 변란의 근원을 없애다

사헌부 겸 대사헌 권근權近과 문하부좌산기門下府左散騎 김약채金若采 등이 함께 사병私兵을 혁파해야 한다는 상소를 올렸다. 내용은 이러하다.

> 병권은 나라를 다스리는 큰 권력이기에 한 곳에서 통제되어야지 여러 곳으로 나뉘면 안 됩니다. 병권이 나뉘어 통제되지 못하면 이것은 태아太阿: 옛날 중국의 보검를 거꾸로 쥐고 남에게 칼자루를 주는 것과 같은 것입니다.
>
> 만약 병권을 쥔 자가 많으면, 이들은 각자 무리를 만들고 마음이 변해서 나라가 분열됩니다. 그리고 결국 서로 시기하고 의심하여 변란이 일어납니다. 형제간에 서로를 해치고 공신들이 끝내 보전되지 못하는 일이 여기에서 비롯됩니다. 이 점이 바로 고금의 공통된 근심입니다.

공자가 말하기를 "예전에는 무기를 집에 감추지 않았다"고 했으니, 이는 사병이 없었음을 말하는 것입니다. 또 『예기』禮記에 "전쟁에 쓰는 온갖 무기를 사사로이 집에 감추는 것은 예禮가 아니다. 사사로이 집에 무기가 있다면 이는 임금을 협박하는 것이다"라고 했습니다. 신하에게 사병이 있으면 반드시 크게 포악해져서 분수를 넘어서고 임금을 위협하는 데 이르는 것입니다. 그러기에 성현이 법을 세우고 교훈을 남겨 훗날의 화를 막는 일을 지극히 하신 것입니다. 송나라 태조는 즉위하자 말로써 공신의 병권을 혁파하여 이들을 보전하였으니, 후세의 모범이 되었습니다. 춘추시대 노魯나라의 삼가三家, 진晉나라의 육경六卿, 한漢나라 말년에 군웅이 일어난 것, 당唐나라 말년에 번진藩鎭이 발호한 것은 모두 사병을 길러서 난을 일으킨 것이니 후세의 경계가 되었습니다.

우리 태상왕께서 개국하던 때에는 의흥삼군부義興三軍府를 설치하여 오로지 병권을 맡게 하셨는데 규모가 아주 컸습니다. 그때 논의하는 자들이 말하기를, "혁명의 초기로 민심이 정해지지 않았으니 변란이 일어나기 전에 미리 방비해야 합니다. 공신과 종친들에게 사병을 맡겨 급작스런 사태에 대응해야 합니다"라고 했습니다.

이 때문에 사병을 없애지 못했는데 오히려 군사를 맡았던 자가 난을 일으켜정도전과 남은 등이 태조의 적자들을 죽이려 한다는 것. 1차 왕자의 난 화가 헤아릴 수 없는 지경에 이르렀습니다.

다행히 하늘이 전하정종를 도와 난이 평정되고 사직을 안정시킬 수 있었습니다. 그러나 사병은 그대로 유지되었습니다. 이처럼 낡은 구습을 따르고 이를 고치려 하지 않기에 대간에서 이미 상소를 올려 사병 혁파를 청했습니다.

그러나 전하께서는 공신과 종친들에게는 다른 마음이 없다고 보증하시며 다시 군사를 맡게 하셨습니다. 이후 얼마 지나지 않아 변란의 화가 지친至親: 이방간의 2차 왕자의 난에게서 발생했습니다.

이로써 사병을 그대로 두는 것은 변란만 일어나게 하고 이익이 없는 것임을 알 수 있습니다. 대간의 말이 맞습니다. 그런데 지금도 사병을 혁파하지 않고 있으니, 장래의 화를 생각하지 않을 수 없습니다.

또 외방 각도의 군사와 말을 여러 절제사節制使: 정3품 당상관 무관에게 맡겼는데, 이를 시위侍衛: 우두머리를 모시어 호위함, 별패別牌: 임금과 대신들 행차의 경호군사, 반당伴儻: 같이 어울려 다니는 무리이라 칭하며, 지방의 군사가 서울로 올라와서 번을 서는 것과 새로 군사를 징발하는 문제로 인해 폐단이 매우 큽니다.

군사들은 절제사가 움직일 때마다 그 뒤를 따르고, 잦은 사낭에 동원되기에 그 괴로움 또한 큽니다. 사람은 굶주리고 말은 지쳐 가고 있습니다. 비와 눈을 맞아 가며 밤을 새워 사문私門을 지키느라 군사들의 마음은 원망과 탄식으로 가득하니 이는 답답하고 안타까운 일입니다. 오늘날 이보다 더 큰 폐단은 없습니다.

원컨대 지금부터 서울에 있는 각도의 절제사를 혁파하고, 서울과 지방의 군마를 모두 삼군부 소속으로 하여 나라의 군사로 삼으소서. 이로써 나라에 알맞은 면모가 세워지고 국권은 커지며 민심은 편안해질 것입니다.

군사들이 양전兩殿: 태조와 정종을 호위하는 것을 제외하고는 사병이 호위하는 것을 일절 금하소서.

또한 입궐하는 길에 사병이 무기를 가지고 따르는 일이 없게 하소서. 그리하여 예로부터 집에 무기를 감추지 않는다는 뜻에 응하고, 훗날 서로 의심하여 난을 꾸미는 폐단을 막는다면 나라에 큰 다행이 될 것입니다.

　상소가 올라오자 임금이 세자태종와 함께 의논하고 바로 사병 혁파를 시행하였다.

_정종 2년(1400, 경진) 4월 6일

4-2. 정치의 구심점은 왕

육조를 강화하라

관제官制를 고쳤다. 개국 초기에는 고려의 관제를 그대로 따랐기에 의정부에서 각 관청을 총괄하였다. 사평부司平府는 돈과 곡식을, 승추부承樞府는 군사와 무기를, 상서사尙瑞司는 인사를 관장하였다. 좌정승과 우정승이 판사判事: 고려시대 각 관부의 최고 관직를 겸하였고, 육조六曹는 조정朝廷의 정치에 참여하지 못했다. 지금부터 사평부를 혁파하여 호조에서, 승추부는 병조에서, 동서반東西班의 인사는 이조와 병조에서 맡게 하여 의정부의 일을 육조에 나누어 귀속시켰다.

_ 태종 5년(1405, 을유) 1월 15일

앞서 하윤이 아뢰었다.

"의정부를 개혁하여 육조가 직접 임금에게 아뢰게 하소서."

얼마 지나지 않아 임금이 예조판서 설미수偰眉壽를 불러 말하였다.

"지난번에 의정부를 개혁해야 한다는 의논은 내 뜻이기도 했다. 하지만 지난겨울 대간의 잘못이 있어 개혁을 청해도 내가 따르지 않았다. 그런데 지금 좌정승하윤이 아뢰기를, '우리나라의 제도는 모두 중국을 따르고 있으니 육부의 예를 본받아 의정부의 일을 육조에 맡겨야 합니다'라고 한다. 경들은 이를 의논하여 아뢰도록 하라."

이를 예조에서 계목啓目: 조선시대 중앙 관부에서 국왕에게 올리던 문서 양식의 하나으로 올렸다.

『문헌통고』를 살펴보니 우虞·하夏·상商나라에서는 태사太師·태부太傅·태보太保라는 삼공三公을 두고, 천자의 측근인 의疑·승丞·보輔·필弼이라는 사보四輔를 두어 정사를 도왔습니다. 주나라에서는 삼공을 두고, 소사少師·소부小傅·소보小保라는 삼고三孤를 세워 나라를 경영하였습니다. 또 육경六卿을 세우고 그 중 천관경天官卿을 총재로 삼아 왕을 보필하여 나라를 안정시켰습니다.

한나라 초엽에는 승상丞相을 두었고, 성제成帝 때는 삼공을 두었습니다. 당나라는 삼성三省의 장관을 재상으로 삼았고, 송나라는 동평장사同平章事를 재상으로 삼았습니다.

지금 우리 조정은 주나라를 본받고자 합니다. 이에 총재冢宰를 두지 않고 육조가 각각 임금에게 직무를 직접 아뢰고, 임금의 명을 받들어 시행하며, 의논할 일은 육조의 장관이 함께 모여 의논하고 이를 아뢰기를 청합니다. 또 의정부에는 나이와 덕망이 높고 정치에 통달한 자를 두어 군사와 나라의 중요한 일만 의논하여 아뢰게 하소서.

_ 태종 14년(1414, 갑오) 4월 17일

의정부의 권한을 육조에 분산하다

임금이 성산부원군星山府院君 이직李稷, 호조판서 박신朴信, 총제摠制 이현李玄을 불러 의논하였다. 임금이 말하였다.

"내가 개성에 있을 때 의정부를 혁파하자는 의논이 있었지만 지금까지 겨를이 없었다. 지난겨울 대간에서 의정부의 혁파를 청하였지만 작은 허물이 있어서 윤허하지 않았다. 최근에 좌정승이 '명나라에 승상부가 없으니, 마땅히 의정부를 혁파해야 한다'고 말하였다. 내 깊이 생각해 보니, 나 혼자 모든 일을 처리하기는 힘들겠지만 임금이 어찌 노고를 피하겠느냐?"

이직 등이 말하였다.

"진실로 주상의 말씀과 같습니다."

임금이 말하였다.

"공신은 세월이 흘러 나이가 들면 부원군의 직첩을 받아야 한다. 또 나이와 덕망이 높고 뛰어난 자는 많으나 육조의 자리는 적다. 그러니 그대로 의정부에 두고 예우하는 것이 옳겠다."

이에 영의정부사 성석린·좌정승 하윤·우정승 남재·찬성사 이숙번·예조판서 설미수 등을 불러 의논하였는데, 모두 옳다고 하여 임금이 그대로 따랐다.

_ 태종 14년(1414, 갑오) 4월 17일

임금이 즉위하고 얼마 안 되었을 때, 권한이 의정부에 집중되는 것을 염려해 개혁을 생각했었다. 하지만 의정부 대신들을 예우하고자 개혁을 서두르지 않았다. 그러다 이때에 개혁을 단행하여 의정부는 외교문서와 중죄인(반란·역모·사학(邪學)·당쟁·괘서(掛書) 등의 탄핵만을 관장하게 하였다. 이에 의정부가 막중한 권한을 갖는 폐단은 개혁되었지만 권력이 육조에 분산되어 통일되지 못했다. 이로 인해 모든 일을 제때 아뢰지 못하고 명을 제때에 받지 못해 일이 많이 막히고 지체되었다.

_ 태종 14년(1414, 갑오) 4월 17일

4-3. 조선의 수도, 한양으로 돌아가자

한양 환도, 동전점으로 정하라

이날 새벽 한양 종묘의 문밖에서 임금이 많은 사람들에게 말하였다.

"내가 개성에 있을 때 여러 번 수재水災와 한재旱災가 있어 여러 신하들의 의견을 구했다. 정승 조준趙浚 이하 많은 신하들이 한양으로 환도할 것을 말했다. 그러나 한양 또한 재난과 사고가 많아 도읍으로 확정을 짓지 않았더니 민심이 동요하고 있다. 이제 종묘에 들어가 개성과 한양과 무악을 고하고, 길흉을 점쳐 길하게 나온 곳을 도읍으로 정하겠다. 도읍을 정한 후에는 재변이 있다 해도 바꾸지 않을 것이다."

임금이 제학提學 김첨金瞻에게 물었다.

"어떤 것으로 점을 칠 것이냐?"

김첨이 대답하였다.

"종묘 안에서 동전을 던져 점을 칠* 수는 없으니, 시초蓍草: 톱풀로 점을 치는 것이 좋겠습니다."

임금이 말하였다.

"지금은 시초도 없고, 요즘에는 시초점을 행하지도 않는다. 그렇다면 시초점은 어렵지 않겠느냐?"

김과가 나와서 말하였다.

"시초점은 점괘의 글도 의심스러운 것이 많아 정하기가 어렵습니다."

임금이 말하였다.

"여럿이 함께 알 수 있는 것이 좋겠다. 동전점은 번거롭지 않고 중국에서도 사용한다. 고려 태조가 도읍을 정할 때는 무엇으로 했느냐?"

조준이 말하였다.

"역시 동전을 썼습니다."

---

* 동전을 던져 점을 치는 것을 척전(擲錢) 또는 척괘(擲卦)라고도 한다. 시초(蓍草) 대신에 흔히 사용하는 방법이다. 한꺼번에 동전 셋을 던져 1개가 뒷면이 나오고 2개가 앞면이 나오면, 단(單)이라 하여 작대기 하나 모양으로 표시하고, 2개가 뒷면이 나오고 1개가 앞면이 나오면 탁(拆)이라 하여 작대기 두개를 나란히 놓은 모양으로 표시하고, 3개가 모두 뒷면이 나오면 중(重)이라 하여 ○로 표시하고, 3개가 모두 앞면이 나오면 순(純)이라 하여 ×로 표시하는데, 세 번 던져서 하나의 괘(卦)를 만들어 길흉을 판단한다.

임금이 "그렇다면 이번에도 동전이 좋겠다" 하고 여러 신하를 거느리고 예를 다해 절하였다. 그리고 완산군完山君 이천우李天祐, 좌정승 조준, 대사헌 김희선金希善, 지신사 박석명朴錫命, 사간 조휴趙休를 거느리고 사당에 들어갔다. 무릎을 꿇고 향을 올린 후 이천우에게 명하여 동전점을 쳤다. 한양은 2길 1흉이었고, 개성과 무악은 모두 2흉 1길이 나왔다.

임금이 새 도읍지를 한양으로 정하고, 향교동 동쪽에 별궁을 짓도록 명하였다. 임금이 어가를 돌려 개성으로 향하던 중 광탄경기도 파주에 머물 때 호종하는 대신에게 말하였다.

"나는 무악에 도읍하지 않지만 후세에 도읍하는 자가 반드시 있을 것이다."

_ 태종 4년(1404, 갑신) 10월 6일

환도를 반대하는 자는 흉악한 마음을 가진 신하다

개성의 궁궐이 좁아 지키던 군사들이 밖에서 자야 했기 때문에 임금이 경덕궁敬德宮: 태조가 왕위에 오르기 전에 살던 개성의 사저으로 옮겼다. 병조판서 남재南在, 형조판서 이문화李文和, 호조판서 이지李至, 의정부 찬성사 윤저尹柢, 공조판서 한상경韓尚敬 등과 한양 환도를 의논하였다.

임금이 말하였다.

"우리 태상왕께서 새 도읍을 창건하셨으니, 이는 바뀔 수 없는 이씨 왕조의 도읍이다. 그러나 상왕^{정종}께서 개성으로 돌아오신 뒤 지금까지 7년째 한양으로 돌아가지 않고 있다. 이는 아버지가 시작하고 아들이 계승한다는 도리에 어긋나는 것이다. 과인의 죄다.

지난 가을 개성에 수재가 있을 때, 한양의 종묘에서 점을 쳤더니 한양 환도가 길하다고 나왔다. 또 올봄에 한양에 가보니 이궁을 짓는 공사도 거의 끝나 가고 있었다. 이로써 환도할 준비가 모두 끝났다. 그런데 권문세족과 백성들은 지금 살고 있는 땅만을 편안하게 여겨 환도는 불가하다고 말한다."

한상경이 대답하였다.

"은나라 왕 반경^{盤庚: 도읍을 박(毫)으로 옮긴 후 국호를 상(商)에서 은(殷)으로 고침}이 천도할 때에 분명한 득실에도 불구하고 귀족과 백성들은 살던 땅만을 편안히 여기고 옮기기를 싫어했습니다."

임금이 말하였다.

"올해와 내년에 옮기지 않고 환도를 미룬다면, 개성은 백성의 수가 늘어 나날이 조밀해지고 한양은 반대로 나날이 쇠퇴해질 것이다. 장차 이를 어찌할 것이냐? 게다가 음양가가 '개성은 군신관계가 무너진 땅'이라고 말하였다. 그런데도 사람들은 '흉년으로 옮길 수 없다'고만 말하니 이는 흉악한 마음을 가졌기 때문이다. 풍해도와 경기도는 가뭄의 재난이 있지만 나머지 지역은 흉년이 아니다. 그런데 흉년을 핑계로 환도를 반대하니 이런 자는 사직을 사랑하지 않는 신하이다."

남재가 말하였다.

"어찌 흉악한 마음으로 환도를 배격하는 자가 있겠습니까?"

임금이 말하였다.

"지난번 환도를 의논할 때 한양과 무악 모두 나쁘고, 이곳 개성이 좋다고 한 것이 바로 흉악한 마음을 가진 자의 말이다."

_ 태종 5년(1405, 을유) 8월 9일

4-4. 임금이 두려워한 존재, 하늘 아래 사관

임금의 일거수일투족을 기록하다

임금이 다섯 승지와 시독侍讀 김과金科에게 말하였다.

"전에 사관史官이 사냥하는 곳까지 따라온 것은 무슨 까닭이 냐?"

모두가 대답하였다.

"사관의 맡은 바 임무는 당대의 일을 모두 기록하는 것입니다. 하물며 임금의 거둥인데 어찌 따르지 않겠습니까?"

김과가 앞으로 나가서 말하였다.

"임금은 구중궁궐에 계시기에 나날이 경계하는 뜻이 해이해지고, 게으른 마음이 생기는 것을 누가 막을 수 있겠습니까? 임금은 오직 하늘과 사관의 기록만을 두려워할 뿐입니다."

"왜 그러한 것이냐?"

"하늘은 형상이 없지만 바른 것에는 복을 주고 바르지 않은 것에는 화를 줍니다. 사관의 기록에는 당대 정치의 좋고 나쁜 것과 행동의 잘잘못이 모두 곧게 쓰여집니다. 이것은 만세에 전해지고 효자와 자손도 절대 고칠 수 없는 것입니다. 그러니 두려운 일이 아니겠습니까?"

"그렇구나."

김과가 또 말하였다.

"비록 사관이 임금 곁에 있지 않아도 다섯 승지가 모두 춘추관春秋館: 시정의 기록을 맡은 관아을 겸하고 있기에 일동일정一動一靜을 모두 씁니다."

임금이 처음에는 이를 알지 못하고 이들을 가까이하며 편안히 여겼는데, 이때부터 말과 행동을 더욱 공손히 하고 조심하였다.

_ 태종 1년(1401, 신사) 3월 23일

사관 민인생

임금이 편전에서 정사政事를 들었다. 사관 민인생閔麟生이 들어오려 하자 박석명이 막아서며 말하였다.

"어제 사관 홍여강洪汝剛이 섬돌 아래까지 들어왔는데 주상께서 말씀하시기를, '정전正殿: 임금의 공식 직무실에는 사관이 입시하는 것이 옳지만 편전便殿: 임금이 평상시에 거처하는 궁전에는 들어오지 말라'고 하셨다."

예전에 민인생이 허락을 받지 않고 편전의 뜰까지 들어왔다. 임금이 그를 보고 말하였다.

"사관이 어찌 여기까지 들어왔느냐?"

민인생이 대답하였다.

"전에 문하부조선초 최고 의결기관에서 사관의 좌우 입시를 청했는데 윤허하셨기에 들어왔습니다."

"편전에는 들어오지 말라."

"편전에서도 대신들이 정사를 아뢰고, 경연으로 강론을 합니다. 만일 신들이 편전에 들어오지 못한다면 어찌 이를 제대로 기록할 수 있겠습니까?"

임금이 웃으며 말하였다.

"편전은 내가 편히 쉬는 곳이다. 들어오지 않는 것이 옳다. 전각 밖에 있더라도 어찌 내 말을 듣지 못하겠느냐?"

민인생이 대답하였다.

"사관의 바로 위에는 하늘이 있으니, 신은 모든 것을 곧게 쓸 뿐입니다."

_ 태종 1년(1401, 신사) 4월 29일

사관은 6아일六衙日: 정기적으로 백관이 모여 임금에게 정무를 아뢰는 날. 1, 6, 11, 16, 21, 26일의 정사에만 입시하라는 명이 내려졌다. 처음에 임금이 편전에 있는데 사관 민인생이 전각 밖에서 엿보았다.

임금이 이를 보고 좌우에 물었다.

"저게 누구냐?"

좌우가 대답하였다.

"사관 민인생입니다."

임금이 노하여 박석명을 시켜 명하였다.

"지금부터 사관은 날마다 입궐하지 말라."

_ 태종 1년(1401, 신사) 7월 8일

사관 최사유

사관 최사유崔士柔가 승지를 따라 편전 뜰에 들어오자 임금이 물었다.

"저게 누구냐?"

승지가 대답하였다.

"사관입니다."

최사유가 빠른 걸음으로 나가자, 임금이 내관을 시켜 최사유에게 말하였다.

"만일 내게 잘못이 있다면 네가 쓰지 않아도 승지와 춘추의 관원이 모두 쓸 것이다."

그리고 승정원과 의흥부에 명하였다.

"지금부터 정전의 조계朝啓를 제외하고 경연청과 광연루廣延樓: 연회의 장소로 사용하기 위해 만든 창덕궁의 누각 같은 곳에는 사관이 들어오지 못하게 하라."

그리고 다시 사관 김고金顧를 불러 이를 말하였다.

이날 순금사호군巡禁司護軍 이승직李繩直과 형조정랑 김자서金自西가 제주에서 돌아와 명받았던 일민무구·민무질을 자진하게 함을 보고하였다. 임금과 중전이 모두 마음이 언짢았다. 또 경원 지역에서 급보가 도착하자 임금이 안등安騰과 김여지金汝知를 불러 의논하는데, 최사유가 또다시 따라 들어왔다. 임금이 노하여 문지기를 곤장 치려다 그만두고 대신 사알司謁: 임금의 명령을 전달하는 정6품의 잡직을 가두었다.

_ 태종 10년(1410, 경인) 4월 28일

파파라치 사관, 왕이 계신 곳이라면 어디든 함께 하다

좌사간대부 이육李稑이 사관의 편전 입시를 청하였다. 임금이 말하였다.

"간관과 여섯 승지가 모두 춘추관을 겸하고 있다. 사관이 입시하지 않더라도 나의 득실을 쓰지 않겠느냐? 전에 사관 한두 명이 예에 어긋나게 행동한 것을 내가 심히 미워한다. 다시는 청하지 말라."

_ 태종 12년(1412, 임진) 10월 24일

사헌부 대사헌 정역鄭易이 사관의 조계 입시를 청하였다. 계문啓聞의 내용은 이러하다.

"조계 때마다 사관이 올곧은 붓을 들고 참여하지 못하니, 신은 전하의 아름다운 말씀과 어진 정치가 후세에 다 전해지지 못할까 염려됩니다."

임금이 대답하지 않았다. 조회가 끝나고 임금이 김여지 등에게 말하였다.

"예전에 경연을 하는데 사관 민인생이 병풍 뒤에서 엿듣고, 중전을 위한 잔치에도 들어왔다. 또 내가 매사냥을 할 때는 얼굴을 가리고 따라왔으니, 이는 모두 음흉한 짓이다. 지난해에는 또 다른 사관이 내전까지 들어왔기에 그 뒤로는 사관을 조계에 못 들어오게 한 것이다.

오늘 정역이 어찌 미리 계문을 준비했겠느냐? 기록하는 것을 말한다면 대언代言들이 모두 춘추관의 직을 겸하여 맡고 있다.

그렇다면 대언들이 기록하기 싫어서 정역을 시켜 고하게 한 것이 분명하다."

김여지 등이 대답하였다.

"신들이 어찌 그런 일을 했겠습니까? 지난번에 신도 청하였고, 사간司諫 이육李稑도 일찍이 그런 말을 했습니다. 이를 듣고 정역이 이 같은 청을 올린 듯합니다."

_ 태종 12년(1412, 임진) 11월 20일

사관의 좌우 입시를 허락하다

사관의 조계 입시를 청하는 사간원의 상소태종 12년 12월 6일에 이어 사헌부에서 상소하였다.

"옛부터 천자의 행동은 좌사左史가 쓰고, 천자의 말은 우사右史가 썼습니다. 행동을 기록한 것이 『춘추』이고, 말을 기록한 것이 『상서』尙書입니다. 이처럼 오래전부터 사관은 임금의 좌우에 서서 말 하나에서 행동 하나까지 있는 그대로 쓰는 것을 후세의 법으로 삼고 있습니다.

삼가 생각하건대, 전하는 옛것을 본받아 문사文士 8인을 뽑아 '사관'이라 이름하고 기록을 맡게 하셨습니다. 또 승지와 가까이서 모시는 신하[侍臣]들은 모두 사관의 직무를 겸하게 하여 날마다 좌우에서 모시게 하였습니다. 이로써 당대의 일을 기록하는 직임을 넓게 두었다 할 수 있습니다.

그러나 다른 일을 맡은 신하들이 사관의 일을 겸하면 각자의 직무가 바빠 기록을 상세하게 할 수 없습니다. 이는 사관이 전담하여 맡는 것만 못합니다.

지난번에 사관이 함부로 편전에 들어오는 실수를 범해 사관의 좌우 입시를 금하셨습니다. 그러나 이 때문에 전하의 아름다운 말과 행실이 후세에 모두 전해지지 못할까 신들은 염려됩니다. 원컨대, 전하께서 어리석은 이 마음을 굽어 취하시어 옛법에 따라 사관이 날마다 모시는 것이 만세의 법이 되게 하소서.”

임금이 그대로 따랐다.

_ 태종 13년(1413, 계사) 1월 16일

4-5. 관작을 버리는 것은 임금의 권한이다

임금이 애걸해야 동의할 것이냐?

사간원 장무掌務를 불러 유정현柳廷顯 등의 임명장[告身]에 서경署
經: 관리의 임명이나 법령의 제정 등에 대간의 서명을 거치는 제도하도록 명하였
다. 임금이 헌납獻納 은여림殷汝霖에게 말하였다.

"어찌 유정현의 임명장에 서명을 하지 않느냐?"

은여림이 대답하였다.

"유정현의 아내 이씨가 서얼의 딸이니 유정현이 의정부에서
일하는 것은 적합하지 않습니다. 지난번에는 임금의 특명이 있
어 임명장에 서명했는데, 유정현이 아직까지 이혼을 하지 않았
기에 이번에는 서명을 하지 않는 것입니다."

"빨리 서명하도록 하라. 또 박자청朴子靑의 임명장에는 왜 서
명을 하지 않느냐?"

"정부 백관의 수장은 도리를 논하고 이치를 밝혀야 하니 그 직임이 막중합니다. 우선 박자청의 가문은 논하지 않는다 하더라도, 박자청이 척석擲石: 돌 던지기 놀이를 하고 조정의 신하를 구타하였습니다. 그런데 어찌 재상에 합당하다 하겠습니까?"

"누군들 편안함을 좋아하고 수고로운 것을 싫어하지 않겠느냐? 박자청이 감역의 일을 부지런히 하였기에 이 직임을 내리는 것인데 너희들은 끝까지 서명을 안 하겠다는 것이냐?

"만약 공이 있다면 상을 주고 다른 관직을 내리는 것이 옳습니다. 신들은 진실로 서명하지 않기를 원합니다. 그러나 만약 주상께서 이를 강요하신다면 어찌 명을 따르지 않겠습니까?"

"내가 청하고 애걸한 후에야 너희들이 나를 위해 생색을 내겠다는 것이냐? 지금 무슨 뜻으로 하는 말이냐? 그리고 안성安省의 임명장에는 어찌하여 서명하지 않는 것이냐?"

"안성은 남의 첩을 범하였고, 또 어미의 친족을 첩으로 삼았습니다. 그 몸이 이렇게 바르지 못한데 어찌 감사가 되어 풍속을 바르게 할 수 있겠습니까?"

"그 일은 증거가 없다. 속히 서명함이 옳다."

그리고 사헌부 장무를 불러 사복시司僕寺 직장直長 유강柳江과 호군護軍 장주張住의 임명장에 서명하지 않는 이유를 물으니 대답하였다.

"유강은 유은지의 아들입니다. 유은지의 처는 고려의 우왕 신우의 비였습니다. 신우가 비록 정통성을 인정받지 못한 임금이라 하더라도 유은지는 그의 신하였는데 뒤에 신우의 비에게 장가를 들었습니다. 그래서 사헌부에서 이미 이혼하라고 했습니다. 장주는 장사길의 기생첩 소생입니다. 이런 이유로 서명하지 않았습니다."

사간원에서 장주의 임명장에 서명하고 끝에 '4품에 한함'이라 썼다.

임금이 이를 보고 말하였다.

"관직과 작위를 내리는 것은 임금의 권한이다. 신하가 마음대로 품계를 제한하여 쓰는 것이 옳으냐?"

_ 태종 13년(1413, 계사) 6월 16일

고위 관리 임명은 임금이 직접 하겠다

다시 4품 이상의 관리를 임명할 때에는 대간의 서명 없이 임금의 승인만으로 등용하는 관교법官敎法을 부활시켰다. 임금이 명하였다.

"옛 역사에 대간이 서명하는 절차는 없다. 마땅히 4품 이상에는 관교법을 다시 적용하도록 하라."

앞서 대간이 안성·이천우·이지숭·유정현의 임명장에 서명을 하지 않자 이 명이 내려진 것이다.

_ 태종 13년(1413, 계사) 10월 22일

4-6. 지금, 『태조실록』을 편찬하라

태조의 신하가 『태조실록』을 편찬할 수는 없습니다

영춘추관사領春秋館事 하윤에게 『태조실록』 편찬을 명하였다. 임
금이 하윤과 지춘추관사知春秋館事 유관柳觀, 동지춘추관사同知春秋
館事 정이오鄭以吾, 변계량卜季良을 불렀다. 이들이 대궐에 이르자,
내관이 하윤을 인도하여 안으로 들어갔다. 잠시 후 내관이 유관
등에게 임금의 말을 전하였다.

"진산부원군晉山府院君 하윤의 지시에 따라 『태조실록』을 편찬
해 올리라."

하윤이 명령을 받고 나와 담당 사관을 불러 말하였다.

"임신년태조 1년, 1392년부터 경진년정종 2년, 1400년까지의 사초史草
를 빨리 거두어들이라."

유관·변계량이 춘추관에 모여 편찬의 규정을 의논하였다. 춘

추관의 기록관들이 고하였다.

"예전의 역사기록^{실록}은 모두 3대 이후에 편찬하였고 고려 또한 그렇게 했습니다. 그런데 어찌 지금 『태조실록』을 편찬할 수 있단 말입니까? 어찌하여 그만두기를 청하는 상소를 올리지 않습니까?"

유관 등이 말하였다.

"기록관들이 상소하는 것이 좋겠소."

이를 영관사 하윤에게 고하니 하윤이 말하였다.

"만일 상소하여 청하려거든 반드시 예전 법을 상고하시오. 예전의 역사 기록 또한 모두 다음 임금 때에 이루어졌소. 어찌 근거 없는 말에 의거하여 상소하려는 것이오?"

기록관들이 말하였다.

"태조의 옛 신하가 『태조실록』을 편찬하면 후세에서 이를 어떻게 생각하겠습니까?"

하윤이 얼굴을 붉히며 말하였다.

"태조의 일을 그 당시 사관이 어찌 다 기록했겠소? 이것만으로 실상을 알기에는 부족하오! 당연히 원로들이 죽기 전에 중요한 부분과 중요치 않은 부분을 갖추어서 실록을 만들어야 하오. 이것이 마땅히 할 일이오. 지금 대간들이 사람의 허물을 말하는 것도 꺼리지 않는데, 하물며 글로 사람의 잘잘못을 평가하는 것은 더하지 않겠소? 옛사람이 말하는 문헌文獻에서 문文은 역사적 기록[史記]을 말하는 것이고, 헌獻은 노성老成한 신하의 경험을 말하는 것이오. 나는 불가하다는 까닭을 모르겠소."

_ 태종 9년(1409, 기축) 8월 28일

3대는 지났지만 18년밖에 되지 않았으니 같은 대입니다

춘추관春秋館 기사관記事官 송포宋褒 등이 『태조실록』 편찬의 명을 철회해 달라는 상소를 올렸다.

임금이 상소를 보고 경연사관 우승범禹承範에게 말하였다.

"상소의 뜻이 진실로 옳다. 그러나 세대가 가까웠는데 실록을 편찬했다는 것이 어느 대 어느 사람을 가리키는 것이냐? 왕씨王氏의 일을 이씨李氏가 편찬하고, 이씨의 일은 후대에서 편찬해야 한다는 것이냐?"

우승범이 우물쭈물하며 대답하지 못하자 임금이 말하였다.

"너를 의심해서 묻는 것이 아니다."

우승범이 대답하였다.

"대代라는 것은 성姓이 바뀐 것을 말하는 것이 아닙니다. 조종祖宗과 자손 사이의 멀고 가까운 것을 말하는 것입니다. 태조부터 주상까지 비록 3대라고는 하지만 겨우 18년 동안의 일입니다. 이를 어찌 대가 다르다고 할 수 있겠습니까? 또 수찬을 맡은 신하의 경우 자신과 관계된 일이 어찌 없겠습니까? 그 당시의 신하로 그 시대의 인물을 논한다는 것은 모두 불가합니다.”

임금이 좌대언 김여지를 시켜 송포에게 ‘대가 가까운데 실록을 편찬한 경우’를 묻자, 송포 등이 대답하였다.

“송나라에 있었지만 본받을 것이 못 됩니다.”

임금이 말하였다.

“내가 생각해 보겠다.”

임금이 좌우에 말하였다.

“요堯나라의 일을 우虞나라 사관이 편찬하였고, 순舜나라의 일을 하夏나라 사관이 편찬한 것은 분명하다. 그러나 한漢나라·위魏나라 이후에는 그렇지 않았다. 또 공자가 『춘추』春秋를 편찬한 것이 정공定公·애공哀公 때의 일인데, 정공·애공의 일도 함께 썼다. 이것을 보면 지금 실록을 편찬하는 것이 문제될 것도 없다. 그러나 역대 역사서를 보면 임금을 죽이고 왕위를 빼앗은 것도 숨기지 않았다. 만일 그 아들이 보았다면 반드시 삭제했을 것인데, 삭제되지 않은 것을 보면 오랜 뒤에 편찬했음을 알 수 있기는 하다.”

황희黃喜가 대답하였다.

“사초는 반드시 3대가 지난 뒤에 나오는 것이니 이번 편찬을 철회하소서."

_ 태종 9년(1409, 기축) 9월 1일

『태조실록』을 편찬하다

영춘추관사 하윤, 지관사 유관, 동지관사 정이오, 변계량이 『태조실록』 편찬을 시작하였다. 춘추관에서 아뢰었다.

"지난해 9월 교지에 의해, 수찬관修撰官: 춘추관의 정3품 벼슬. 시정을 기록하는 일을 맡음 이하는 임신년태조 1년, 1392년 7월 이후부터 경진년정종 2년, 1400년 11월 이전까지의 사초를 기한 내에 바치도록 했습니다. 서울은 10월 15일까지이고, 지방은 11월 초1일까지인데 지금까지 바치지 않은 자가 매우 많습니다.

명나라에 사신으로 간 자를 제외하고, 올해 정월달 안으로 바치지 않는 자는 해당 관청에서 조사하여 죄를 논하고, 끝까지 바치지 않는 자는 고려조에서처럼 자손을 벼슬에 등용하지 말고, 은 20냥을 물리소서."

임금이 그대로 허락하였다.

기주관 조말생趙末生과 권훈權壎 그리고 윤회尹淮와 겸기록관 신장申檣이 낙점되어 실록 편찬에 참여하였다. 참외사관參外史官: 7품 이하은 오직 우승범禹承範과 이심李審 두 사람뿐이었다. 나머지는 모두 참여하지 못했다. 사관이 하윤에게 고하였다.

"우리는 어떤 사실이든 무엇에도 구애받지 않고, 있는 그대로 기록하는 자들입니다. 더욱이 지금 편찬하는 실록은 옛부터 내려오는 예를 따르지 않은 채 당대에 편찬을 하고 있습니다. 또 사관들을 모두 참여시키지도 않았으니 후세 사람들이 더욱 의심할까 두렵습니다."

하윤이 말하였다.

"실록 편찬은 기록을 드러내 놓고 하는 일이 아니어서 예문관의 여덟 사관이 함께할 수는 없소. 또 임금께서 이 일을 조용히 처리하라는 명을 내리셨소. 지금 두 명의 사관이 참여하게 된 것도 실록청의 인원이 부족하기 때문이오."

_ 태종 10년(1410, 경인) 1월 11일

『태조실록』이 완성되니 모두 15권이다.

_ 태종 13년(1413, 계사) 3월 22일

4-7. 왕실 족보, 후사를 위해 다시 만들라

『선원록』璿源錄·『종친록』宗親錄·『유부록』類附錄을 만들었다. 임금이 전에 하윤 등과 의논하고, 이때에 이숙번·황희黃喜·이응李膺을 불러 비밀스럽게 말하였다.

"이원계李元桂와 이화李和는 태조의 서형제庶兄弟이다. 만약 혼동하여 『선원록』에 올리면 후사가 어찌되겠느냐? 족보를 다시 만들어 기록하라."

곧 삼록三錄으로 나누어 만들었다. 목조·익조·도조·태조 등 조상의 내계來系를 기록한 것을 '선원'이라 하고, 왕실의 종실 자손과 적실의 남자 자손만 기록한 것을 '종친'이라 하고, 종실의 여자와 서얼을 기록한 것을 '유부'라 하였다. 한 부는 왕실의 문서보관 창고에 간직하고, 한 부는 동궁에 간직하게 하였다.

이원계와 이화는 모두 환왕桓王: 태조의 아버지인 환조 이자춘의 비첩婢妾: 여자 종으로서 첩이 된 사람 소생이다. 이원계는 아들 넷을 낳았는

데, 이양우李良祐·이천우李天祐·이조李朝·이백온李伯溫이다. 만딸
은 장담張湛에게 시집갔고, 둘째는 변중량卞仲良에게 시집갔다가
다시 유정현柳廷顯에게 시집갔고, 막내는 홍노洪魯에게 시집갔다
가 다시 변처후邊處厚에게 시집갔다.

　이화는 아들 일곱을 낳았다. 이지숭李之崇·이숙李淑·이징李澄·
이담李湛·이교李皎·이회李淮·이점李漸이며, 1녀는 고려 종실의 왕
아무개에게 시집갔다가 다시 최주에게 시집갔다.

_ 태종 12년(1412, 임진) 10월 26일

하윤과 이숙번 등이 임금에게 비밀스럽게 아뢰었다.

　"개국 초기에 환왕 첩의 자손이 여러 번 높은 벼슬에 올랐습
니다. 이제부터 그 자손에게 공이 있으면 토지와 노비 그리고 돈
과 비단으로 상만 내리고 높은 벼슬에 임명은 하지 마소서."

　임금이 대언 이관에게 명하여 내장고內藏庫: 왕실 창고에 보관하
며 왕실에 대대로 전할『종친록』을 쓰게 하였다.

_ 태종 13년(1413, 계사) 10월 22일

4-8. 관료의 사사로운 왕래를 금하라

임금의 의도를 누설한 권완을 파면하라

평소에 민무구 형제와 이숙번이 서로를 꺼렸는데 민무구 등이
먼저 권세를 잃었다. 앞서 임금이 사람들을 물러가게 하고 윤저
尹柢를 불러 말하였다.

　"경은 무슨 이유로 이숙번의 무리가 되었느냐?"

　임금이 이렇게 말한 것은 대신들이 붕당 만드는 것을 싫어했
기 때문이다. 윤저가 이를 권완權緩에게 말하였고, 권완이 이숙
번에게 고하니, 이숙번이 임금께 말하였다. 이날 임금이 권완을
파면시켰다.

_ 태종 9년(1409, 기축) 9월 3일

군사들의 사사로운 방문을 엄히 금하라

군사들이 사사로이 윗사람을 만나는 사알私謁을 엄히 금하였다. 병조에서 아뢰었다.

"고려가 흥성했을 때에 임금을 호위하는 입직 군사는 장수를 사사로이 만나지 못했고, 길에서 만났을 때에도 사사로이 말하지 못했습니다. 이는 깊은 뜻에서 나온 것입니다.

주상께서도 군사가 장수들의 집에 사사로이 가는 것을 이미 금하셨습니다. 그런데 갑사甲士 배을성裵乙成 등이 찬성 이숙번과 총제 한규韓珪의 집에 사사로이 찾아가 아첨하여 군령을 어겼습니다. 해당 관청에 알려 임명장을 거두고 죄를 주어 수군으로 삼으소서. 이를 훗날의 경계로 삼으시고, 사알을 받은 자 또한 벌을 주소서."

임금이 말하였다.

"사알을 받는 것을 금하는 법은 아직 없으니 다만 사알을 한 배을성 등의 직을 파면하라."

의정부에 명하여 첨총제 이상의 관군의 집에 군사가 사알하는 것을 금하는 법을 만들게 하였다. 의정부에서 아뢰었다.

"지금 이후로 호군과 갑사가 우리 당이니 우리 편이니 칭하며 법을 어기는 자는 규정된 법에 의해 논죄하고, 책임자로 마지못해 만나서 이야기한 자도 함께 죄를 주소서. 그러나 사사로이 찾아 온 사람이 6촌 이내의 족친이라면 금하지 마소서."

_태종 14년(1414, 갑오) 2월 9일

근신이 대신의 집에 왕래하는 것을 금하라

임금을 가까이서 모시는 신하들이 대신의 집에 왕래하는 것을 금하였다. 이에 앞서 지신사 유사눌柳思訥이 아뢰었다.

"안성군 이숙번이 '의정부에서 염치용과 민무회의 죄를 청하려 했으나 우의정 이직이 이를 막아서 못했다'고 말했습니다."

임금이 말하였다.

"이숙번을 어디서 만났느냐?"

"어제 이숙번이 사람을 보내 '만나 의논할 일이 있으니 조정에서 물러나오면 내 집으로 오는 것이 좋겠다' 하여 신이 그 집으로 가서 들었습니다."

임금이 말하였다.

"경은 나를 가까이서 모시는 신하인데 대신의 집에 출입함은 잘못이다."

그리고 이 금령을 내렸다.

_태종 15년(1415, 을미) 5월 8일

관리가 사사로이 모이지 못하게 하라

예조에서 말하기를, "관리가 각 관청에 사사로이 모여서 서로
공공연히 청탁하고, 시비를 가른다고 소란스럽게 하니 선비의
기풍이 아름답지 못합니다. 이제부터 공무가 아닌 일로 사사로
이 관청에 모이는 자는 사헌부에서 엄히 다스리게 하소서" 하니
그대로 따랐다.

_ 태종 15년(1415, 을미) 8월 4일

4-9. 주자소를 설치하라

새로 주자소鑄字所: 활자의 주조를 담당하던 관청를 설치하였다. 임금이 나라에 서적이 너무 적어서 유생들이 여러 책을 볼 수 없는 것을 염려하였다. 이에 명하여 주자소를 설치하고 예문관 대제학 이직, 총제 민무질, 지신사 박석명, 우대언 이응을 제조로 삼았다. 왕실에서 동철銅鐵을 많이 내놓았다.* 또 대소 신료에게 명하여 스스로 동철을 내놓아서 그 용도에 이바지하게 하였다.

_ 태종 3년(1403, 계미) 2월 13일

* 조선 최초의 동활자인 계미자를 만들다.

五

● 정비되는 백성의 일상

5-1. 청계천, 개천 길을 열어라

5만의 군사를 동원하라

의정부에서 아뢰었다.

"충청·강원·전라 3도에서 동원되는 군사는 4만 명입니다."

임금이 말하였다.

"개천을 파는 것은 규모가 큰일인데 군사의 수가 적다."*

의정부에서 다시 아뢰었다.

"5만 명의 군사로 정월 15일에 공사를 시작하는 것이 어떻겠

---

* 청계천은 큰 비에 자주 범람하여 주변의 가옥이 침수되기 일쑤였고, 도성 내의 하수
로 인해 전염병의 온상이 되기도 했다. 때문에 청계천은 한양의 큰 근심거리였다. 태종
6년(1406)에 청계천 정비가 시작되었는데, 청계천의 바닥을 쳐내서 넓히고 양쪽 기슭
에 둑을 쌓았다. 태종 11년(1411)에는 하천정비기구인 '개천도감'을 설치하고 그 다음
해에는 5만 2,800명의 인력을 동원해 한 달간 개천공사를 실시한다.

습니까?"

"그렇게 하라."

안동대도호^{安東大都護} 부사^{府使} 최용소^{崔龍蘇}와 충청도 관찰사 한옹^{韓雍} 등이 아뢰었다.

"갑사와 수군, 조호^{助戶: 병역에 복무하는 사람의 뒷바라지를 하는 집}에게 는 다른 역을 부과하지 말라는 법이 있습니다. 그러나 지금 개 천을 파는 일에 군사가 부족하니 이들 중에서 장정이 많은 집은 차출해서 그 일을 시키는 것이 좋겠습니다."

_ 태종 11년(1411, 신묘) 윤12월 1일

민가의 침수를 막아라

임금이 지신사 김여지에게 명하여 영의정 부사 하윤·좌정승 성 석린·우정승 조영무와 의논하였다. 임금이 말하였다.

"내가 개성에 있을 때, 인가가 점점 많아져 성 안이 복잡해지 는 것을 보며 마음속으로 생각했다. '부왕께서 개국하시어 한양 에 도읍을 세웠는데 그곳을 버리고 여기로 온 것은 옳지 않다.' 그래서 대신과 의논하고 환도를 했으나 해마다 장맛비로 개천 물이 넘쳐서 민가가 침수되고 있다. 밤낮으로 이를 근심하여 개 천 길을 열고자 한 지도 오래되었다. 그런데 이번 일이 백성에게 폐해는 없겠느냐? 몇 년을 더 기다리거나 혹은 자손 대에 하는 것이 더 낫지 않겠느냐?"

하윤이 말하였다.

"백성들이 기쁜 마음으로 일하도록 하고, 그것을 때에 맞게 하는 것이 예전의 도道입니다. 도리에 맞는다면, 비록 창과 화살에 죽더라도 본분이라 여깁니다. 지금 백성들을 기쁜 마음으로 일하게 하려면 창고를 열어 양식을 주고, 밤에는 공사를 쉬게 하여 병이 나지 않도록 하는 것입니다."

성석린과 조영무가 말하였다.

"개천 파는 일은 그만둘 수 없습니다. 또 지금은 농한기인데 무슨 이유로 안 되겠습니까?"

임금도 그렇게 여겼다.

_ 태종 11년(1411, 신묘) 윤12월 1일

공사를 중지할 수 없다

예조에서 아뢰었다.

"월령月令: 농가나 국가의 정례적인 연간 행사를 월별로 구별하여 기록한 표에 '정월에는 많은 사람을 동원하지 말라'고 했습니다. 그런데 경칩 절기에 개천을 파기 위해 많은 사람을 동원해야 합니다. 청컨대 공사를 중지하소서."

임금이 말하였다.

"개천을 파서 얻을 수 있는 이로움과 해로움이 무엇인지는 의
정부와 승정원에서 이미 알고 있다."

의정부에서 아뢰었다.

"개천을 파는 공사는 이번에 해야 합니다. 이미 모든 준비가
끝났고 군사의 수 또한 정해졌으니 중지할 수 없습니다."

임금이 그대로 따랐다.

_ 태종 11년(1411, 신묘) 윤12월 1일

동원된 군사에게 양식을 내주라

대신을 보내 개천 파는 일을 종묘와 사직 그리고 산천의 신에게
고하였다. 경상·전라·충청 3도의 군사가 모두 5만 2천 8백 명
이었다. 임금이 "5만여 명이 쌀을 짊어지고 먼 길을 왔으니 양식
이 넉넉하지 못할 것이다" 하고는 군자감軍資監: 군수품의 저장과 출납
에 관한 일을 관장하던 기관의 쌀 1만 4백 석을 내어서 군사 한 명당 3
두씩 주어 보름치의 양식을 준비할 수 있도록 명하였다. 또 군사
들 가운데 부모의 상을 당한 3백 명은 모두 돌려보냈다.

_ 태종 12년(1412, 임진) 1월 15일

한 달 만에 완성된 청계천

개천을 파는 공사가 끝났다. 장의동부터 종묘동까지, 문소전文昭殿과 창덕궁의 문 앞은 모두 돌로 쌓았다. 종묘동부터 수구문까지는 나무로 둑을 만들었다. 대·소大小광통廣通, 혜정惠政, 정선방貞善坊: 한성부 중부 8방 중의 하나 입구, 신화방神化坊: 한성부 서부 8방 중의 하나 입구 등에는 돌로 다리를 만들었다.

한 달 만에 공사가 끝나자 동원된 군사들을 집으로 돌려보내라는 명이 내렸다. 이때 많은 사람들이 말했다.

"지난번 성을 쌓을 때에는 밤에 편히 잠을 자지 못해서 병들어 죽은 사람이 많았다. 그런데 이번에 개천 공사를 할 때는 주상의 은혜로 낮에는 일 하고 밤에는 잘 수 있어서 병들어 죽은 사람이 많지 않았다."

개천도감開川都監에서 아뢰었다.

"공사를 하던 중에 병들어 죽은 사람이 64명입니다."

임금이 말하였다.

"노역을 하다 죽으니 너무 안타깝다. 그 집은 부역을 면제해 주고, 또 콩과 쌀을 주도록 하라."

_ 태종 12년(1412, 임진) 2월 15일

군사들을 모두 안전하게 돌려보내라

임금이 말하였다.

"개천 파는 공사가 끝나니, 내 마음이 편안하다. 그런데 어리석은 백성들이 집으로 돌아가고픈 마음에 앞다투어 한강을 건너다 목숨을 잃을까 염려된다. 각 도의 차사원差使員: 각종 특수임무 수행을 위해 임명되는 임시직 관원과 총패摠牌: 군호 100호의 우두머리 등에게 명하여 동원된 군사들이 한강을 차례대로 건너서 피해가 생기지 않도록 하라."

또 순금사대호군巡禁司大護軍 박미朴楣, 사직司直 하형河逈 등에게도 명하여 군사들이 차례를 지켜 강을 건너게 하였다. 박미 등이 명을 받들고 난 후 아뢰었다.

"모두 무사히 건너갔습니다."

임금이 기뻐하였다.

_ 태종 12년(1412, 임진) 2월 15일

5-2. 왜에 팔려간 백성들을 구해 오라

전호군前護軍 이예李藝를 유구국琉球國: 오키나와에 보냈다. 임금이
왜구에게 사로잡혀 유구국으로 팔려 간 백성들이 매우 많다는
말을 들었다. 이예에게 이들을 데려올 수 있도록 유구국에 요청
하라는 명을 내렸다.

호조판서 황희黃喜가 아뢰었다.

"유구국은 바닷길이 멀고 험합니다. 또 사람을 보내면 번거롭
고 비용도 많이 드니 파견하지 않는 것이 좋겠습니다."

임금이 말하였다.

"고향을 그리는 마음은 귀천이 다르지 않다. 과인의 친척 중
에 이같이 사로잡혀 팔려 간 자가 있다면 번거롭고 비용 드는
것만을 따지고 있겠느냐?"

_ 태종 16년(1416, 병신) 1월 27일

유구국 통신관通信官 전호군 이예가 유구국으로 팔려 갔던 우리나라 사람 44명을 데리고 돌아왔다. 경상도 함창현 사람 전언충은 열네 살이던 을해년태조 4년, 1395년에 왜구에게 붙잡혀 팔려갔다가 12년 만에 돌아왔다. 그런데 부모가 이미 죽은 뒤였다. 그가 늦게나마 부모의 상을 치르겠다고 하니, 임금이 이를 불쌍히 여겨 겹옷 두 벌, 홑옷 한 벌, 정오승포正五升布: 규격에 맞게 짠 다섯 새의 베 10필, 쌀과 콩 15석을 내려주었다.

_ 태종 16년(1416, 병신) 7월 23일

5-3. 신문고, 억울한 백성이 없게 하라

처음으로 등문고登聞鼓를 설치하였다. 안성학장安城學長 윤조尹慥
와 전좌랑前佐郎 박전朴甸 등이 아뢰었다.

"송나라 태조가 백성들의 사정을 듣기 위해 등문고를 설치했
습니다. 지금도 이를 칭송하며 아름답게 여기고 있습니다. 원컨
대 이때의 일에 의거하여 등문고를 설치하소서."

_ 태종 1년(1401, 신사) 7월 18일

원통하고 억울한 일을 아뢸 곳이 없는 백성은 등문고를 치라는
명이 내려졌다. 의정부에서 상소하기를 "서울과 지방에 사는 백
성들은 원통하고 억울한 일이 있어도 고할 데가 없습니다. 만약
억울한 일을 해당 관청에 고했는데 제대로 처리되지 않았다면
등문고를 치도록 허락하소서. 그 일을 사헌부에서 밝히고 임금
께 아뢴 후 처결하게 하여 백성의 원통한 마음을 풀어주소서. 그

러나 사적인 원한으로 거짓을 꾸며 고발한 자는 고발한 죄에 해당하는 벌을 적용[反坐律]하여 죄를 주소서. 이로써 함부로 참소하는 것을 막으소서."

의정부의 상소를 그대로 따랐다. 등문고를 고쳐 신문고申聞鼓라 하였다.

_ 태종 1년(1401, 신사) 8월 1일

신문고가 갖추어졌다. 영사평부사領司平府事 하윤 등에게 입궐을 명하였다. 우정승 이무李茂가 말하였다.

"신문고를 설치한 것이 좋은 일이기는 하나 간혹 무고로 치는 자가 있습니다."

하윤이 말하였다.

"신문고를 치면 조사해서 그 말이 사실이면 들어주고 거짓이면 죄를 주어야 합니다. 또한 해당 관청에 먼저 고하는 절차를 밟지 않고 신문고부터 치는 자도 죄를 주어야 합니다. 신문고는 지방의 백성이 그 지역 수령에게 호소했는데 수령이 제대로 판결하지 못했을 때 관찰사에게 호소하고, 그 다음으로 사헌부에 호소하고, 사헌부에서도 제대로 판결하지 못했을 때 치는 것입니다. 이렇게 되면 관리는 자신의 잘못된 판결이 임금께 아뢰질 것을 두려워하게 됩니다. 따라서 관리는 백성의 송사에 마음을 다하여 정확하게 판결하려고 할 것입니다. 이는 백성이 복을 받는 것이니 자손만대의 좋은 법입니다. 원컨대 담당 관청에 시행하기를 명하소서."

임금이 말하였다.

"옳은 일이다. 그런데 신문고는 어느 시대에 시작되었느냐?"

하윤이 대답하였다.

"송나라 때에 시작되었습니다."

"송나라 이전에도 있었느냐?"

"이것은 하·은·주 삼대의 법입니다."

"그렇구나. 요임금 때에 큰 거리에 깃발을 세워두고, 임금께 억울한 사정을 아뢸 자는 그 깃발 아래에 서게 했다는데 신문고가 이와 같은 법이구나."

_ 태종 1년(1401, 신사) 11월 16일

5-4. 백성에게도 법률을 가르쳐라

독법령讀法令*을 내렸다. 형조에서 아뢰었다.

"서울과 지방의 어리석은 백성들이 법을 알지 못해 죄를 지어 가엾기 짝이 없습니다. 이제 『대명분류율』大明分類律을 간행했으니, 한양과 각 지방의 관청에 널리 배포하소서. 그리고 한양 5부에 법률학자 한 명씩을 보내어 조회 때마다 5부의 관리들이 별감과 아전들을 통해 문자나 말로 백성들을 가르치게 하소서. 지방은 6아일에 각 고을의 수령이 감찰관원과 법률학 생도들을 시켜서 각 마을의 별감과 아전들을 통해 백성들을 문자 또는 말로 가르치게 하소서. 그리고 부령部令: 한성부의 5부에서 행정을 맡아 보던 우두머리과 수령이 이를 수시로 확인하게 하소서.

* 독법령은 나라에서 제정한 법률을 일반 백성들에게 알려 주기 위하여 관리가 관령(管領)·이정장(里正長)을 통하여 율문(律文)을 글이나 말로써 깨우쳐 주던 제도이다.

어리석은 백성들을 깨우치게 한 자는 상을 주고, 백성들을 깨우치는 효과는 얻지 못하고 시행하는 척 시늉만 한 자는 벌을 주소서. 한양은 형조에서 상벌을 주게 하고, 지방은 관찰사가 주게 하소서."

임금이 그대로 따랐다.

_ 태종 15년(1415, 을미) 5월 6일

5-5. 조운선의 침몰, 더 이상 백성을 죽일 수 없다

7월에는 조운선을 띄우지 말라

폭풍으로 전라도의 조운선漕運船: 조세미(租稅米)를 지방에서 서울의 창고로 운반하는 데 사용한 선박 21척과 충청도의 조운선 2척이 침몰해서 104명이 죽었다. 임금이 이를 매우 가엾게 여겨 의정부에 명하여 죽은 사람의 집에 쌀과 콩 4석씩을 내려 주고, 3년 동안 조세를 면제시켜 주었다. 이를 이후의 전례로 삼게 하였다.

_ 태종 12년(1412, 임진) 7월 17일

의정부에서 조운선을 침몰케 한 전라도 관찰사 이귀산李貴山의 죄를 청하자 임금이 말하였다.

"짐을 늦게 실어 7월에 배를 움직였으니 이귀산에게 책임이 없다고 할 수는 없다. 그러나 최근에 불었던 태풍은 인력으로는 막을 수 없는 것이었으니, 거론하지 않는 것이 좋겠다. 내가 들어보니 '중국은 7월에 배를 띄우는 것을 금한다' 하고, '백중음력 7월 15일에는 큰 바람이 있다'는 속담도 있다.

지금부터 7월에는 모든 선박을 바다에 띄우지 못하게 하는 법을 정해 이를 엄히 따르게 하라. 그리고 부득이한 경우에 한해서만 허가를 받아 조운선을 띄우도록 하라."

임금이 『옥력통정』玉曆通政을 열람하니, 이런 말이 있었다. '때 아닌 풍우가 일어나면 전쟁, 가뭄, 화재가 일어날 수 있다.'

의정부에 명하였다.

"이번에 풍우의 재난을 당해 보니 화재가 있을까 두렵다. 창고뿐만 아니라 경복궁은 태조께서 세운 것이니 더욱 화재를 조심하라."

_ 태종 12년(1412, 임진) 7월 17일

2백 명의 죽음, 인재의 책임을 물어라

밤에 큰 바람이 불어 전라도의 조운선 66척이 침몰했다. 2백여 명이 익사하였고 가라앉은 쌀과 콩이 5천 8백여 석이었다. 7월에 배를 띄우는 것은 옛사람이 꺼리는 일이다. 그런데 앞서 "7월

그믐에 실어서 8월 초에 보내라"는 호조의 공문을 수군도절제사 정간鄭幹이 따르다 이 같은 재난을 당한 것이다.

임금이 노하여 말하였다.

"금년은 7월의 절기가 8월 14일까지이다. 호조에서 절기를 제대로 살피지 않고 기한을 정해 공문을 보냈다 해도 행하는 자 또한 절기를 살폈어야 했는데 이를 살피지 않고 처리했다. 이는 강물이 넘치고 있는데도 떠나지 않으며 다리 아래에서 만나기로 약속한 여자를 기다리다 다리 기둥을 끌어안고 죽은 미생의 일과 같은 것이다. 정간은 죄를 지었으니 역마驛馬가 아닌 사마私馬를 타고 상경하게 하라.

7월에 배를 띄우는 것은 교지로 금지한 일이다. 정간이 절기를 살피지 않아 배가 뒤집혀 침몰하고 말았다. 죽은 백성들의 부모와 처자가 품고 있을 원망하는 마음이 어찌 천지의 기운에 영향을 미치지 않겠느냐? 정간을 대신할 능력 있는 자를 가려서 천거하라."

_ 태종 14년(1414, 갑오) 8월 4일

판선공감사判繕工監事 이지李漬를 전라도에 보내 배가 침몰할 때 잃어버린 병장기를 조사하고, 물에 빠진 군사를 샅샅이 조사해서 그 집들을 구휼하게 하였다.

또 배가 침몰할 때 진무鎭撫: 조선 초기 여러 군영에 두었던 군사 실무 담당 관직가 데리고 오던 관기 두 명도 물에 빠져 죽었다. 이에 임금이 사헌부에 명하였다.

"이제부터 각 도의 관기는 그 지역을 벗어나지 못하게 하라. 이를 어기는 자가 있다면 그 고을의 수령과 감사 또한 모두 논죄하라."

_ 태종 14년(1414, 갑오) 8월 4일

조운선이 침몰하니 대안을 찾아라

안행량安行梁: 충청도 태안군 부근 운하 공사의 이로움과 해로움을 승정원에 물었다. 이관李灌 등이 대답하였다.

"충청도의 조운은 모두 면천沔川: 충청남도 당진 지역의 옛 지명으로 운반되는데 안행량을 거치지 않습니다. 오직 전라도의 조운만이 안행량을 거칩니다. 그런데 배가 항상 침몰하는 곳은 군산 앞바다입니다. 만약 하윤의 의논을 따른다면, 한 달 중 조수가 그치는 초하루와 보름 두 차례만 출항해야 하므로 배가 오래도록 정박해 있어야 합니다. 그렇게 된다면 물과 바람으로 인해 배가 파손될까 두렵습니다.

또 일찍이 하윤이 조운 대신 육로를 이용해서 먼 고을에서 가까운 고을로 차례차례 짐을 이어 나르는 방법을 주장했습니다. 그러면 온갖 곡물과 물품이 경기도로 모이게 됩니다. 이미 경기도의 백성들은 세금을 내랴 부역하랴 쉴 날이 없습니다. 그런데 짐을 나르는 일까지 더해진다면, 어느 겨를에 먹고 사는 일을 할 수 있겠습니까?"

임금이 말하였다.

"내가 이미 알고 있다."

_ 태종 14년(1414, 갑오) 8월 4일

5-6. 양잠은 백성을 위한 것이다

호조에서 양잠養蠶: 누에를 기르는 것하는 사람의 월급을 청하였다. 그러자 잠실에서 누에 기르는 일을 한양 관아의 노비를 시켜 하라는 명이 내려졌다. 임금이 말하였다.

"내가 잠실蠶室: 양잠 시범소을 설치한 것은 백성들에게 양잠하는 방법을 배우게 하려는 것이다. 그런데 지금 먼 곳에 사는 백성들을 데려다 부역을 시키니 그 폐단이 참으로 크다. 어리석은 백성들은 임금이 사사로이 쓰고자 잠실을 설치했다고 생각할 것이다. 만인이 나를 섬기는데 어찌 내게 따로 잠실이 필요하겠느냐? 백성들의 부역을 그만두게 하라."

그리하여 누에치는 사람을 한양 관아의 노비로 대체하라는 명이 내려진 것이다. 이때 동원된 노비는 조종朝宗: 경기도 가평 지역의 옛 지명의 40명과 미원迷原: 현재의 경기도 양평군 일대의 38명이었다.

_ 태종 16년(1416, 병신) 4월 1일

경기 채방판관採訪判官: 금·은·양잠 등 특산품 생산기술을 갖춘 자 권심權審이 명주실[黃眞絲]과 누에고치를 올렸다. 처음에 전 예문관藝文館 대제학大提學 이행李行이 『농상집요』農桑輯要 「양잠방」養蠶方에 있는 내용을 직접 실험해 보았는데 수확이 평소보다 2배나 많았다. 그래서 이 책을 간행하여 사람들이 보고 따라하게 하였다.

나라에서 백성들이 한자를 모르는 것을 걱정해서 의정부사인議政府舍人 곽존중郭存中에게 명해 이두吏讀로 「양잠방」에 주석을 달게 하고, 이를 간행하여 배포하였다. 그러나 민간에서는 양잠이 본래부터 해오던 일이 아니기에 하려고 들지 않았다.

이때에 다시 명하여 각 도의 개간되지 않은 넓은 땅과 뽕나무가 있는 곳을 택해 채방사採訪使: 특산물 산지에 대한 탐사 임무를 띠고 파견된 임시 관직를 보냈다. 또 전농시典農寺: 제향에 쓸 곡식을 맡아 보던 관청에 속한 노비의 잡역을 면제하고 이들에게 양잠을 시켜서 민간에게 모범을 보이게 하였다. 후궁들에게 직접 양잠을 하게 했는데 많은 소득을 얻었다.

_ 태종 17년(1417, 정유) 5월 24일

5-7. 민생이 최우선임을 잊지 말라

구휼미가 떨어질 때까지 구휼하라

담당하는 관청에 명하여 경원창慶源倉: 충청도 충주에 있던 조세를 보관한 창고의 묵은 보리로 굶주린 백성들을 구휼하게 하였다. 호조판서 윤향尹向이 아뢰었다.

"한양 안에 나이 많은 사람과 굶고 있는 사람이 5백여 명이나 됩니다. 청컨대, 한 말씩 나누어 주어 구휼하게 하소서."

임금이 두 사람당 한 석을 주라고 명하였다. 완산부원군 이천 우李天祐와 병조판서 박신朴信 등이 아뢰었다.

"세 사람당 한 석을 주어도 됩니다."

임금이 말하였다.

"그래도 250여 석에 지나지 않는다. 재상의 상喪에 후하게 부 조할 때도 이만큼은 하사한다. 굶주린 백성을 구휼하는데 어찌

이 정도도 주지 않겠느냐? 두 사람에게 한 석을 주라."

윤향이 또 아뢰었다.

"굶고 있는 자가 많아 이들을 다 구휼할 수 없습니다."

임금이 말하였다.

"곡식이 떨어질 때까지 주도록 하라."

예조판서 이원李原이 아뢰었다.

"새해가 되기 전에는 사창에서 백성들에게 곡식을 꾸어 주고, 새해가 되면 가난한 백성에게 구휼미를 나누어 주는 것이 어떻겠습니까?"

임금이 옳게 여겼다.

_ 태종 15년(1415, 을미) 9월 4일

백성들에게 직접 물어라

백성들에게 직접 찾아가서 폐해가 되는 일을 묻게 하였다. 이조에 교지를 내렸다.

"백성은 나라의 근본이다. 근본이 견고해야 나라가 편안하니 백성들의 고통을 모두 알아야겠다. 각 도의 도관찰사都觀察使와 도순문사都巡問使: 군사관계의 임무를 띠고 지방에 파견되던 임시 관직으로, 세조 때 명칭이 병마절도사로 바뀜는 수령과 퇴직한 관리 그리고 백성들을 직접 찾아가서 그 괴로움이 무엇인지 들어보고 아뢰도록 하라. 숨기고 보고하지 않는 수령이 있다면 법에 따라 논죄하라."

_ 태종 17년(1417, 정유) 4월 25일

구휼의 0순위

임금이 명하였다.

"의창義倉제도는 풍년일 때 나라에서 곡식을 사들였다가 흉년에 백성들에게 싸게 빌려 주는 것이다. 이렇게 거두어들이고 푸는 법은 매우 중요하다. 그런데 무지한 백성들이 매년 곡식을 빌린 채 갚지 못하고 있는 경우가 많다. 그것이 쌓여 갚아야 할 곡식이 수십 석에 이르니 백성들의 생활이 걱정스럽다.

갑오년태종 14년, 1414년 이전에 빌린 것은 가을까지 잡물雜物로 대신하게 하라. 지금부터 백성들에게 곡식을 꾸어 줄 때에는 홀아비, 과부, 고아, 자식 없는 늙은이, 가난한 백성들을 우선하라. 양반의 경우는 장사 지내는 자, 수재水災와 한재旱災를 당한 자, 궁핍한 것을 마을 사람 모두가 아는 자에게 한하되 5~6석을 넘지 않게 하라."

_ 태종 17년(1417, 정유) 4월 25일

5-8. 승려 또한 나의 백성이다

예조에 명하였다.

"천하의 도道는 인仁뿐이다. 한漢나라 이래 중국에 불법佛法이 들어온 지 1천 년이 되었다. 역대 제왕들 중에는 불법을 믿는 이도 있었고, 배척한 이도 있었다. 또 믿지도 않고 배척하지도 않은 이도 있었다. 이러한 내용은 여러 역사책에 실려 있다.

나는 화를 두려워하고 복을 원해서 부처에게 아첨하는 사람이 아니다. 즉위하던 때에 일관日官: 천체의 변이로 길흉을 가리는 일을 맡은 관직이 '아무 절은 그대로 두고, 아무 절은 폐해야 합니다' 하고 아뢰니, 그 말을 믿고 즉시 시행했다.

그러나 나는 예전부터 불씨의 무리가 이단이기는 하지만 근본은 자비라고 생각해 왔다. 또 이들이 이미 도첩度牒: 조선 초기 불교를 억제하기 위해 나라에서 중에게 발급한 일종의 신분증. 입적 또는 환속을 하면 반납함을 받고 산으로 들어갔으니 나라의 일과 관계없는 자들임은 분명하다. 물론 나라에 큰일이 있다면 할 수 없이 이들을 부를 수 있다. 그러나 이런 상황이 아닌데도 서울과 지방의 각 관청에서 공사를 할 때마다 승려를 청해 부역을 시키고 있다. 이것이 어찌 청한 것이겠느냐? 이름은 청승請僧 : 나라에서 역사(役事)를 일으킬 때 많은 중들을 청하여 일을 시키던 일. 중들이 토목 기술을 가졌기 때문임이지만 실상은 평민보다 심하게 부역을 시키는 것이니, 매우 불쌍하다. 승려 또한 백성이다. 이미 부모와 이별하고 정을 끊어 승려가 되었는데 이렇게 부역을 시키는 것은 옳지 않다. 또 승려에게 가마터에서 기와를 굽게 하는 일도 이와 같다. 이제 고을에서 공사를 할 때와 기와를 구울 때 승려들을 청하지 말라.

지금부터 모든 관청은 승려들을 동원해야 할 때에는 그 이유를 갖추어 한양에서는 예조에, 지방에서는 관찰사에게 그 일체를 알리도록 하라. 이를 시행하여 내가 백성을 사랑하는 뜻을 널리 알리라."

_ 태종 17년(1417, 정유) 11월 1일

5-9. 의학, 전문성을 키워라

여자아이들에게 의약을 가르쳐라

제생원濟生院: 조선시대 서민 의료기관에 명하여 어린 여자아이들에게 의약醫藥을 가르치게 하였다. 제생원사濟生院事 허도許衜가 임금께 글을 올렸다.

부인들이 병이 났을 때 남자 의원이 진맥하고 치료를 하면 부끄럽고 창피한 마음에 아픈 곳을 보여 주지 않아서 때로는 죽음에 이르기도 합니다. 원컨대, 창고나 궁궐에서 일하는 여자아이 열 명을 골라 『맥경』脈經과 침·뜸 쓰는 법을 가르쳐서 이들이 치료하게 하소서. 그러면 생명을 아끼는 전하의 마음이 널리 베풀어질 것입니다.

이에 임금이 제생원에서 이 일을 맡아 보게 하였다.

_ 태종 6년(1406, 병술) 3월 16일

실력 있는 의원을 의관으로 등용하라

의정부에서 의약으로 사람을 살리는 법을 아뢰니, 임금이 그대로 따랐다.

"현재 의관의 수가 많지 않은 데다 맡은 일이 많아 큰 병이든 작은 병이든 아픈 사람을 일일이 치료할 수 없습니다. 그래서 아픈 백성들 중에는 병은 깊어지는데 치료를 못 받아 일찍 죽는 자가 있습니다. 원컨대, 의원 출신으로 직책이 없는 사람들을 전의감典醫監: 의료 행정과 의학 교육을 관장하던 관청에서 임시직으로 채용하고, 제생원과 혜민국惠民局: 백성의 질병을 고치던 관청에 별좌別坐: 조선시대 여러 관청의 정·종5품의 관직로 임명하소서. 이들을 관청에 매일 출근하게 해서 일을 익히게 하고, 병자가 청하면 귀천의 구분 없이 바로 가서 치료하게 하소서. 이렇게 하면 병을 정확하게 진단하고, 약 또한 제때에 쓰게 되니 이로 인해 많은 사람을 살리게 될 것입니다. 그리고 제조관이 그들의 능력을 파악하여 상부에 보고하게 하고 그들을 정식 의관으로 등용하소서."

_ 태종 9년(1409, 기축) 2월 7일

『본초』부터 공부하라

임금이 신하들에게 말하였다.

"요즈음 의원들은 약방서藥方書의 내용을 제대로 파악하고 있지 않다. 양홍달楊弘達과 조청曹聽 같은 내의원들도 그러하다. 궁중에서 열 살쯤 되는 아이가 병이 났었다. 조청에게 약을 지으라고 명했더니 어른이 복용하는 것과 똑같이 지어 왔다. 의심스러워 사람을 시켜 물으니 대답하기를 '약방서에 소아는 5, 6세를 가리킵니다'라고 말하였다.

그가 상고한 것에 빠뜨린 것은 없는지 염려스러워 내가 직접 약방서를 열람해 보았다. 『천금방』千金方을 보니 '2, 3세는 영아嬰兒라 하고, 10세 이하는 소아小兒라 하고, 15세 이하를 소아少兒라 한다'고 쓰여 있었다. 이것을 조청에게 보여 주자 부끄러워하며 아무 말도 하지 못했다. 이러니 어찌 사람이 상하지 않겠느냐?

약재의 진위 또한 알기가 어렵다. 옛날에 약재인 파고지破古紙: 개암풀 열매를 벽에 바르는 도배지와 같은 것으로 착각했던 우스운 일도 있었다. 의원이 되려면 반드시 『본초』本草를 배워서 약의 성질을 알아야만 착오가 없다. 그래서 전부터 의원들의 시험에 『본초』를 보게 명했던 것이고, 그 한 권의 책이 이렇게 중요한 것이다."

임금이 예전에 약을 드시고 여러 번 몸 상태가 좋아졌던 일을 말하자 좌의정 남재南在가 대답하였다.

"금석金石의 약뿐만 아니라 초목草木의 약 또한 가벼이 복용해서는 안 됩니다."

임금이 옳게 여겼다.

_ 태종 15년(1415, 을미) 1월 16일

의학제조에게 의원들이 읽는 약방서를 고찰하라고 명하였다. 이에 제조가 아뢰었다.

"『본초』는 아주 오랜 옛날 신농씨가 지은 것을 역대의 명의가 편찬한 것입니다. 초목·금석·조수鳥獸·충어蟲魚 등 약이 될 수 있는 것은 모두 종류별로 실려 있습니다. 따라서 이 책은 의원이 근본으로 여기는 책이어야 하며, 의학을 배우는 사람이라면 제일 먼저 배우기에 힘써야 합니다.

이에 의학을 배우는 자는 먼저 『본초』를 익히게 하고, 또 의학 시험을 볼 때에도 제일 먼저 이 책을 강론하게 하소서. 그렇게 약의 이치를 먼저 밝게 익힌 뒤에 처방서를 읽게 하소서."

임금이 그대로 따랐다.

_ 태종 15년(1415, 을미) 3월 15일

명나라에 동인을 요청하다

천추절千秋節: 명나라 황태자의 생일 하례를 위해 공안부윤恭安府尹 오
진吳眞을 명나라 수도인 남경에 보냈다. 명나라 예부에 보낸 자
문咨文: 외교문서의 내용은 이러하다.

> 의약은 사람을 살리는 일로 매우 중요한 것입니다. 우리나
> 라는 명나라와 바다를 사이에 두고 떨어져 있는데다, 침과
> 뜸에 관한 책도 적고, 또 훌륭한 의원이 없습니다. 이에 병
> 이 들면 책을 살펴서 침을 놓고 뜸을 뜨지만 제대로 효험을
> 보지 못하고 있습니다. 황제께 아뢰어 동인銅人: 온몸에 침혈을
> 뚫어서 침술을 연습할 때 쓰는 구리로 만든 사람의 형상을 내려 주신다면
> 대단히 유익할 것입니다.
>
> _ 태종 15년(1415, 을미) 4월 22일

동인 대신 동인도가 오다

황제가 동인 대신 동인도銅人圖 : 침술을 연습하기 위하여 온몸에 침혈이 뚫
려 있는, 구리로 만든 사람의 형상을 그린 그림를 주었다. 천추사 오진이 남
경에서 돌아왔는데, 명나라 예부의 자문을 가지고 왔다. 자문의

내용은 이러하다.

국왕의 자문에 의하면, '우리나라에 침구방서針灸方書가 적어서 자문을 보내니 황제께 아뢰어 동인을 내려 주면 의술을 본받기에 편하고 도움이 되겠다'라고 하였습니다. 이에 대해 황제께서 말씀하시기를, '태의원은 동인도 두 개를 그려서 조선의 사신이 가져가게 하라'고 하셨습니다. 황제의 명에 따라 침구동인針灸銅人 앙仰: 인체의 전면과 복伏: 인체의 후면 2축軸을 채색으로 그려서 오진에게 보냅니다.

_ 태종 15년(1415, 을미) 10월 23일

『침구동인도』鍼灸銅人圖를 간행하여 나라 안팎에 널리 배포하라는 명을 내렸다.

_ 태종 15년(1415, 을미) 12월 14일

六•

태종의 콤플렉스,

아버지 그리고 아들

6-1. 아버지 없는 즉위식

상왕의 뜻을 어찌 꺾겠느냐!

상왕태조이 한양의 정릉貞陵: 태조의 제2비 신덕왕후 강씨의 능에서 승려
들에게 법회를 베풀고, 옷을 벗어 부처에게 바쳤다. 상왕이 오대
산과 낙산으로 거둥하려 했는데 이를 임금과 신하들에게 알리
지 않았다. 사간원에서 상소하였다.

"창업한 임금은 자손의 본보기가 되어야 합니다. 그런데 지금
상왕께서 불사佛事를 위해 먼 지방에 가시니, 이는 본보기가 되
기 어렵습니다. 그리고 상왕께서는 임금의 아버지이신데 거둥
을 알리지 않아 사람들이 가시는 곳을 모르고 있습니다. 이는 나
라를 다스리고 백성을 사랑하는 도리가 아닙니다. 상왕께서 소
중히 여기시는 신하 두세 명과 영의정을 함께 보내 발걸음을 돌
리시길 청하게 하소서. 상왕의 옥체를 편안하게 하시어 신하와

백성들의 바람을 들어주소서."

임금정종이 말하였다.

"상왕의 뜻이 이미 정해졌는데 재상을 시켜 청한들 발걸음을
돌리시겠느냐?"

_정종 2년(1400, 경진) 10월 24일

내가 창건한 한양으로 돌아가라

법왕도승통法王都僧統: 조선 초기에 두었던 승직(僧職)의 하나 설오雪悟를 한
양에 계신 상왕께 보내 개성으로 돌아오시기를 청하게 했다. 그
러나 상왕께서는 청을 들어주지 않았다. 설오는 상왕을 모시고
오대산으로 갔다.

_정종 2년(1400, 경진) 10월 26일

세자태종가 궁에 들어와 예복을 갖추어 입었다. 임금정종의 명을
받아 수창궁壽昌宮: 개성의 서소문 안에 있던 고려 궁궐에서 즉위하였다.

_정종 2년(1400, 경진) 11월 13일

태상왕이 오대산에서 돌아오자 임금태종이 각 관청의 관원 한 명
씩을 거느리고 장단長湍: 경기도 북단에 위치 마천麻川에 거둥하여 맞

이하였다. 태상왕의 행차가 도착하자 임금이 큰 잔치를 베풀었다. 참석한 종친과 대신들이 번갈아 잔을 올리니 태상왕께서 매우 기뻐하였다. 잔치는 깊은 밤에야 끝났다.

태상왕께서 밤 5경세벽3시~5시에 어가에 올라 새벽에 개성으로 들어오셨다. 뒤따르신 임금이 태상왕전에 문안하였다. 예전부터 태상왕께서는 한양으로 환도하고자 했었는데 이때 임금에게 말하였다.

"네 형은 한양으로 돌아가려는 내 뜻을 받들고자 했었다. 이제 네가 내 뜻을 받들 수 있겠느냐?"

임금이 대답하였다.

"어찌 감히 제가 명을 따르지 않겠습니까?"

태상왕이 술을 주었다.

_정종 2년(1400, 경진) 11월 13일

6-2. 아버지의 마음을 돌이킬 수 있다면

임금이 덕수궁德壽宮에 문안하고 술을 올리자, 태상왕이 임금에게 말하였다.

"이방간에게 죄가 있지만 이미 징계하였으니 이제 돌아오게 하는 것이 어떠하냐?"

임금이 대답하였다.

"전부터 신의 마음도 그러했습니다. 명하신 대로 하겠습니다."

_ 태종 1년(1401, 신사) 5월 28일

임금이 태상왕께 술과 고기반찬을 올리려고 앞에 나아가 엎드려 말하였다.*

---

* 태종 2년 8월 2일 기사에 의거하면 태상왕에게 문안하러 회암사에 거둥한 상황이다.

"신이 예전 사람의 글을 보고, 강관講官: 경연 때 진강하던 관원의 말을 들어보니, '나이 70에 고기를 먹지 않으면 배부르지 않다'고 합니다. 지금 부왕께서 왕사의 말을 듣고 육선肉膳을 끊으시니 안색이 전과 같지 않습니다. 어찌 신이 슬프지 않겠습니까?"

말하는 임금의 눈에서 눈물이 흘러내렸다. 태상왕이 말하였다.

"내가 무학에게 묻기를, '왕사를 따른 지 이미 7년이 되었는데 어찌 가르치는 말 한마디가 없는가?'라고 했더니, 무학이 답하기를 '왕께서는 지금부터 술과 고기를 끊으소서'라고 하였다. 내가 이 말대로 행하고자 하지만 술은 약으로 먹기에 끊을 수 없어서 고기를 먹지 않는 것이다.

그러나 네가 명부에 등록되지 않은 절과 사원일지라도 논밭을 모두 돌려주고, 승려에게는 도첩의 유무를 따지지 말고, 부녀자들이 절에 오는 것을 금하지 않으며, 또한 내 뜻에 따라 불상과 탑을 세우게 한다면, 내가 고기반찬을 먹는다 하더라도 무학의 가르침에 부끄럽지 않을 것 같다. 불법은 고려에서도 폐하지 않았고, 오늘날까지 이어지고 있다. 해당 관청에 일러 불법을 비방하고 헐뜯지 못하게 하라."

임금이 머리를 조아리며 말하였다.

"신이 죽음도 마다치 않을진대 하물며 이 일을 못하겠습니까?"

지신사知申事 박석명朴錫命에게 명하여 태상왕께서 말씀하신 그대로를 의정부에 말하였다.

이에 태상왕이 말하기를 "임금의 정성이 이와 같고, 대소신료들 또한 모두 간청하니, 내가 따르지 않을 수 없다!" 하고 곧 고기반찬을 드셨다. 임금이 일어나 절하고, 정승 이무李茂가 대간들을 거느리고 감사의 인사를 올렸다. 태상왕이 사람을 시켜 이무에게 말하였다.

"임금이 절과 사원의 논밭을 되돌려 준다고 하니 내가 매우 기쁘다. 경들은 이를 다시는 폐하지 말라."

태상왕이 의안대군 이화李和·창녕부원군昌寧府院君 성석린成石璘·전 영의정부사領議政府事 이서李舒를 불러 잔치를 열었다. 임금이 기뻐하며 음악을 연주하라는 명을 내리고, 일어나서 춤을 추었다. 그리고 태상왕께 술을 올렸다. 태상왕이 술에 취하시자 피리와 장구를 그치게 하고, 기생을 시켜 거문고·가야금·비파[三絃]를 연주하게 하였다. 또 성석린 등에게 시를 지어 읽게 하며 극진히 즐기었다. 성석린 등이 번갈아 일어나 춤을 추었다. 태상왕이 박석명을 앞으로 나오게 하여 말하였다.

"절과 사원의 논밭을 되돌려 주라고 한 교지는 내려졌느냐?"

"이미 내리었습니다."

"교지의 초안을 보고 싶다."

박석명이 바로 올리자 태상왕이 보고 나서 내관에게 간직하게 했다. 태상왕은 임금에게 사례하고 안으로 들어가셨다.

임금이 매우 기뻐하며 좌우의 신하들에게 말하였다.

"오늘은 참으로 마음이 즐겁다."

한밤중에 임금이 유숙하던 임시거처로 돌아올 때에는 어가 앞에서 피리를 불도록 명하였다. 또 총제 이숙번에게 명하여 활 잘 쏘는 군사를 뽑아 새를 사냥해서 태상전에 올리게 했다.

태상왕이 말하였다.

"임금은 서둘러 개성으로 돌아가는 것이 좋겠다."

임금이 태상왕께 하직하고 박석명에게 명하였다.

"비록 명부에 등록되어 있지 않은 절과 사원이라 하더라도 논 밭을 모두 되돌려 주고, 패망한 절과 사원의 논밭은 왕실에 귀속시켰다가 다시 창건되면 되돌려 주도록 하라. 지금부터 중이 되려는 자는 그 소원대로 하게 허락하고 도첩에 구애받지 말라. 부녀자가 죽은 부모의 명복을 빌기 위해 백일 안에 절에 오르는 것을 금하지 말라. 고려가 흥성할 때에도 불법을 폐하지 않았고 지금에 이르렀다. 지금부터 해당 관청은 불법을 비방하고 헐뜯지 말라."

_ 태종 2년(1402, 임오) 8월 4일

6-3. 아들을 용서 못한 아버지의 반란

동북면의 조사의가 군사를 일으키다

안변부사安邊府使 조사의趙思義 등이 군사를 일으켰다. 대호군大護軍 안우세安遇世가 동북면함경도에서 돌아와 현비顯妃 강씨康氏*의 집안사람인 조사의가 강씨의 원수를 갚는다면서 군사를 일으켰다고** 고하였다.

_ 태종 2년(1402, 임오) 11월 5일

* 신덕왕후(神德王后). 태조의 계비로, 친정은 고려 말 권문세족 가문이었다. 이성계를 도와 조선을 개국하는 데 여러 면에서 공헌했다. 1차 왕자의 난 때 죽은 이방번과 세자 이방석의 어머니다.
** 조사의는 신덕왕후의 친척으로 1393년(태조 2)에 형조의랑이 되고, 그 뒤 순군(巡軍)을 거쳐 1398년 첨절제사 등을 역임했다. 하지만 1398년 1차 왕자의 난 때 직위에서 쫓겨나 노역에 종사하기도 했다. 이후 복권되어 1402년 안변부사가 되었다.

함흥차사의 실제[*]

동북면에 보낸 상호군上護軍 박순朴淳이 함주함경남도 중남부에 위치에 도착했다. 도순문사都巡問使 박만朴蔓과 주군州郡의 수령들에게 '조사의를 따르지 말라'고 타이르다가 반란군에게 피살되었다.

_ 태종 2년(1402, 임오) 11월 8일

호군護軍 송유宋琉가 명을 받고 함주에 갔다가 반란군에게 피살되었다.

_ 태종 2년(1402, 임오) 11월 11일

태상왕, 반란군에 참여하다

태상왕의 역마가 함주로 향했다. 임금이 태상왕께서 믿고 공경

---

[*] 『연려실기술』(燃藜室記述)에 의하면 두 차례에 걸친 왕자의 난으로 왕위가 태종에게 넘어가자 태조 이성계는 함흥으로 가 버린다. 태종이 아버지를 도성으로 모셔 오려고 함흥으로 여러 번 신하를 보냈지만 이성계가 그들을 죽이거나 잡아 가두어 돌려보내지 않았다고 한다. 이로부터 한 번 가면 무소식인 사람을 가리켜 함흥차사라고 한다. 그러나 조선왕조실록의 기록에 의하면 함주에서 죽은 신하는 박순(朴淳)과 송유(松琉) 두 사람뿐이고 이들도 이성계가 죽인 것이 아니라 조사의가 이끄는 반란군에 의해 죽임을 당한 것이다.

하는 왕사王師 무학無學을 태상왕이 머물고 있는 임시 거처에 보냈다. 태상왕께 어가를 돌리시라고 청하기 위함이었다.

_ 태종 2년(1402, 임오) 11월 9일

흩어진 반란군

조사의의 군사가 안주安州: 평안북도에 위치에서 밤에 뿔뿔이 흩어졌다. 조사의의 군사는 살수薩水: 현재의 청천강, 평안남도와 북도의 경계를 흐르는 강 강가에 주둔했었는데, 밤에 물을 건너다 얼음이 꺼져 수백여 명이 죽었다. 앞서 김천우가 조사의의 반란군에게 붙잡혔다. 조사의의 군사가 진압군의 수를 묻자 김천우가 말하였다.

"조영무가 동북면으로 향해 오고 있고, 이천우·이빈李彬·김영렬金英烈·최운해崔雲海 등은 맹주孟州: 평안남도 안주시 용계리 남쪽에 이르렀다. 또 황주黃州: 황해도 황주 지역·봉주鳳州: 황해도 봉산 지역로 4만여 명의 군사가 오고 있다. 이를 어떻게 당해 내려고 하는가?"

조사의의 군사들이 이 말을 듣고 모두 놀라 두려움에 얼굴빛이 변했다. 조화趙和가 반란군의 무리에서 도망치기 위해 꾀를 내어 밤에 군막에 불을 질렀다. 불길이 솟을 때 크게 소리를 지르자 군사들이 놀라서 사방으로 흩어졌다.

_ 태종 2년(1402, 임오) 11월 27일

이빨 빠진 호랑이, 태상왕

연산부사延山府使 우박禹博이 급히 말을 타고 달려와 태상왕께서 돌아오고 계신다고 전하자 임금이 기뻐서 말 한 필을 하사했다.

_ 태종 2년(1402, 임오) 11월 28일

태상왕의 어가가 평양부平壤府에 머물렀다. 태상왕이 말하였다.

"내가 동북면에 있을 때 임금태종이 사람을 보내지 않더니, 맹주에 있을 때에도 역시 사람을 보내지 않았다. 이는 내게 안 좋은 감정이 있기 때문이다."

가까이서 모시는 신하가 말하였다.

"주상께서 전 정승 이서李舒와 대선사大禪師 익륜益倫과 설오雪悟를 시켜 문안하게 했습니다. 그런데 길이 막혀서 그만 도착하지 못하고 돌아갔다고 합니다."

태상왕이 말하였다.

"임금이 그들 모두 내가 소중하게 여기는 사람들인 것을 알고 보냈구나."

_ 태종 2년(1402, 임오) 12월 2일

태상왕을 모신 신하들, 반란에 연루되다

정용수鄭龍壽와 신효창申孝昌을 순위부巡衛府: 절도·난동·풍기 등의 단속을 관장한 치안기관에 가두었다. 정용수와 신효창은 승녕부承寧府: 태조가 정종에게 양위하고 태상왕으로 있을 때 세운 관서 당상관堂上官으로 태상왕을 모셨다. 태상왕이 동북면에서 일어난 조사의의 반란에 참여했기에 이들에게 책임을 물은 것이다.

_ 태종 2년(1402, 임오) 12월 3일

6-4. 조선 최초의 적장자 세자, 양녕

세자 대신 혼나는 내관

세자 양녕이 공부를 게을리하니 임금께서 내관 노희봉盧希鳳을 시켜 세자전의 내관 노분盧犇의 볼기를 때렸다. 노분이 세자에게 "이것이 어찌 소인의 죄입니까?"라고 말하자 세자가 기뻐하지 않았다.

_ 태종 5년(1405 을유) 10월 21일

서연관書筵官: 왕세자 교육 담당 관리에 명하여 세자가 학문에 더욱 힘 쓸 수 있도록 하게 하였다. 임금이 문학文學: 세자에게 글을 가르쳤던 관 직 정안지鄭安止와 사경司經 조말생趙末生에게 말하였다.

"지금부터 서연에 들어오는 관원은 세자가 식사하거나 움직 이거나 가만히 있을 때에도 그 주변을 지키고 있으라. 장난을 일

절 금하게 하고 오로지 학문에만 힘쓰도록 하게 하라. 만약 세자
가 듣지 않을 때에는 바로 와서 아뢰라.”

또 내관을 불러 꾸짖었다.

“요즘 세자가 공부를 게을리한다는 말이 들린다. 이는 너희들
때문이다. 만약 세자가 공부에 힘쓰지 않는다면 너희들에게 죄
를 줄 것이다.”

_ 태종 6년(1406, 병술) 4월 18일

아프다는 핑계로 공부 안 하는 세자

세자가 병을 핑계로 서연에 나오지 않았다. 서연관이 다시 청하
고, 내관 김문후金文厚가 눈물을 흘리며 권하자 그때서야 서연에
나갔다.

_ 태종 12년(1412, 임진) 4월 22일

서연관 빈객賓客: 세자 교육을 담당하던 세자시강원 소속의 정2품 관직과 요속
僚屬: 지위가 낮은 관료, 대간들이 세자에게 강론에 참가할 것을 두세
번 청했지만 병을 핑계로 거절하였다. 강론하는 날이 드물었다.

_ 태종 14년(1414, 갑오) 9월 7일

세자가 팔뚝에 매를 받치고 세자전 문밖으로 나갔다. 빈객과 대간에서 두세 번 강론하기를 청했지만 세자가 병을 핑계로 서연에 나가지 않았다. 장령掌令 전직全直이 청하며 말하였다.

"주상께서 대간 한 사람을 날마다 서연에 나가게 명하신 것은 세자에게 강론을 듣게 하시려는 뜻입니다. 지금 세자의 말을 듣고 물러가면 왕명을 어기는 것입니다. 청컨대, 잠시라도 강론을 들으소서."

세자가 말하였다.

"두세 번 청하니 내가 기쁘다. 그러나 지금은 몸이 안 좋으니 몸이 나아지면 저녁에 서연관과 복습을 하겠다."

그러나 저녁이 되어도 서연에 나가지 않았다.

_ 태종 16년(1416, 병신) 10월 21일

세자가 몸이 편치 않다고 강론을 중지하자 빈객들이 말하였다.

"몸이 편치 않다 하시니 강론은 중지하겠습니다. 그러나 내일 전하께서 광주廣州로 거둥하시니 병을 참고 가셔서 진현進見: 임금께 나아가 뵘하소서."

세자가 임금을 뵙고자 사약司鑰: 내시부에 속하여 왕명의 전달 및 안내 등을 맡아 보던 액정서(掖庭署)의 정6품 잡직을 시켜 문을 열어 달라고 청했으나 임금이 허락하지 않았다. 세자가 말하였다.

"전하께서 문을 열어 주지도 않으시고 또 '오지 말라'고 명하신다. 서연관도 듣지 않았는가?"

빈객 탁신卓愼이 정색하고 말하였다.

"이는 전하께서 세자 저하의 잘못을 깨우치게 하려는 것입니다. 저하께서는 주상의 마음을 어찌 돌리실지 걱정입니다."

세자가 말하였다.

"나의 잘못이 아니다. 고해바치는 자가 있기 때문이다."

탁신이 말하였다.

"그 말씀은 너무 지나치십니다. 또한 저하께서 직접 가시지 않고 다른 사람을 시켜서 임금께 뵙기를 청하는 것은 옳지 않습니다."

세자가 말했다.

"몸이 편치 못하다."

그러고는 임금 뵙기를 더 이상 청하지 않았다.

임금이 거둥하는 날 서연관이 세자에게 청하였다.

"아직 어가가 대궐 밖으로 나가지 않았습니다. 원컨대, 나아가 주상을 뵈옵소서."

세자가 내구문內廐門까지 갔으나 뵙지 못하고 물러났다.

그리고 몸이 편치 않다고 강론을 중지했는데 해질 무렵에는 활을 쏘자 서연관이 말하였다.

"몸이 편치 않다고 강론은 중지하시고 활은 쏘시는 것이 옳습니까?"

이에 세자가 화살 일고여덟 개를 쏜 뒤 그만두었다.

_ 태종 17년(1417, 정유) 3월 23일

6년 만에 『대학연의』를 끝내다

세자가 서연관을 시켜 임금의 남쪽 순행 길에 따라가기를 청하였으나 임금이 들어주지 않았다. 임금이 남쪽 지방으로 떠나신 이후에 세자가 6년 동안 읽고 있던 『대학연의』를 끝마쳤다. 임금의 순행을 따라가고자 날마다 7, 8장씩 부지런히 읽었다. 시학관侍學官과 조관朝官이 모두 기뻐하며 탄식하였다.

"세자가 영민하고 비범한 자질이 있으니, 전부터 이처럼 했다면 이 책을 어찌 6년이나 걸려 끝냈겠는가!"*

_ 태종 13년(1413, 계사) 10월 7일

* 세종은 『대학연의』를 두 달 만에 끝냈다.

6-5. 양녕의 기행

우빈객右賓客 계성군雞城君 이내李來 등이 말하였다.

"음악과 여색과 사냥하는 매와 개는 반드시 멀리해야 하는 것
입니다. 그런데 지금 세자전에 공인工人: 조선시대에 악기 연주하는 일을
맡아 하던 사람이 들어와 거문고를 타고 피리를 분다는 말이 들립
니다. 또 매 두 마리를 기른다고 하니, 이 말들이 밖으로 나가면
저하의 학문하는 공은 어찌 되겠습니까? 또 주상께서 이 일을
듣고 물으시면 저하는 어떻게 대답하실 것이며, 신들 또한 무슨
말을 하겠습니까? 이런 일이 생기기 전에 그만두소서."

세자가 말하였다.

"그런 일 없다."

이내 등이 강경하게 말하자 세자가 말하였다.

"매는 한 마리뿐이고, 오늘 그 주인에게 돌려보낼 것이다. 효
령군의 거문고와 비파 또한 다시는 들이지 않겠다."

임금이 서연관 조상曹尙과 세자전 내관 3인을 불러 말하였다.

"세자가 매를 키우고 있다는 말을 들었다. 너희들은 알고 있었느냐? 만약 너희가 알면서도 이를 금하지 않았다면 세자를 보필하는 것이 도대체 무엇이라고 생각하는 것이냐?"

조상이 대답하였다.

"궁중의 일을 신이 어찌 알겠습니까?"

임금이 말하였다.

"세자가 매를 키우는 것은 내가 금하겠다. 너희들도 세자를 세세히 살피도록 하라."

그리고 내관들을 꾸짖었다.

"최근에 세자가 밤을 새워 풍악을 울리고 매를 기른다고 하는데, 어찌 된 일이냐?"

즉시 사람을 보내 매를 내보내라 명하였다.

앞서 전내별감殿內別監 내섬시內贍寺의 종 허원만許元萬, 예빈시禮賓寺의 종 조덕중曹德中과 갑사甲士 허수련許守連 등이 세자에게 매와 여악女樂을 바쳤다. 이때에 주상이 아시고 성내며 모두 잡아오라 명하셨다. 사복시司僕寺 문밖에서 이들에게 곤장을 쳤다. 허원만 등은 원래 일하던 곳으로 보냈고, 허수련은 파직시켜 수군에 충당하였다.

임금이 정언正言 우승범禹承範을 불러 말하였다.

"내가 부른 것은 허수련과 허원만 등의 죄를 묻기 위함이었다. 그러나 이들에게 이미 곤장을 때렸으니 그리 알라."

_ 태종 12년(1412, 임진) 11월 29일

선공부정繕工副正 구종수具宗秀·악공樂工 이오방李五方 등을 의금부에 가두라는 명이 내려졌다. 임금께서는 세자에게 항상 옳은 길을 가르치시는데 세자는 명은 따르지 않고 주색에 빠졌다. 이에 임금께서 갑사를 시켜 동궁전 문을 지키게 하고 잡인의 출입을 금하였다.

구종수는 세자의 마음을 사서 훗날을 도모하려 했다. 이오방과 함께 대나무 사다리를 만들어 밤마다 담을 넘어 동궁전에 들어와 술을 마시며 즐겼다. 때로는 세자를 위해 자신의 집에서 잔치를 베풀고 비밀리에 여자와 매를 바쳤다. 이때에 일이 발각되어 옥에 가두었다.

_ 태종 16년(1416, 병신) 9월 24일

세자의 사람됨이 사납고, 좋아하는 것에는 아무리 말려도 깊이 빠져들었다. 여자와 음악과 말 달리는 것을 아주 좋아했고, 학자들을 좋아하지 않아 학문하기를 게을리하였다. 아프다고 서연에 나오지 않을 때가 매우 많았고, 서연관이 두세 번 청하면 간혹 나왔다.

강론하는 스승이 세자의 말과 행동에서 잘못된 점을 되풀이하여 타일렀지만 마음을 다해 이를 듣고 따르려 하지 않았다.

세자 양녕이 좋아하는 사람은 활을 잘 쏘고, 말을 잘 타고, 힘이 센 무사武士와 비위를 맞추는 간사한 자들과 광대 무리였다. 예전에 임금이 평강平康으로 강무를 나가실 때였다. 출행하던 날에 도성 문밖에 나와 임금께 예禮를 올려야 하는데 아프다는 핑계로 나오지 않았다. 그런데 바로 그날 자신을 따르는 소인배 무리를 거느리고 몰래 금천衿川·부평富平에 가서 말을 달려 사냥하고 매를 날렸으며 뱃놀이까지 즐기고 3일 만에 돌아왔다.

또 임금이 명나라 사신을 위한 연회에 참석하라고 명했는데 창기에게 빠져서 병을 핑계로 따르지 않았다.

또 함길도 절제사가 바치려는 매가 아주 훌륭하다는 소문을 듣고는 사람을 시켜 길에서 이 매를 빼앗고 다른 매를 바치게 하였다.

또 4월 8일 밤에는 궁궐의 담을 넘어 간사한 소인배 무리와 함께 탄환을 가지고 등燈을 쏘는 놀이를 하였다.

_ 태종 18년(1418, 무술) 5월 30일

6-6. 양녕, 여자에 빠지다

기생 봉지련

세자가 몰래 기생 봉지련鳳池蓮을 궁중에 불러들였다. 명나라 사
신을 위한 잔치에서 세자가 봉지련을 보고 좋아하였다. 곧 소친
시小親侍: 임금 곁에서 잔심부름을 하는 나이 어린 사내아이를 시켜 봉지련의
집을 알아보게 하였다. 사사로이 정을 통하고 마침내 궁중에 불
러들였다. 이를 알게 된 임금이 시종에게는 곤장을 치고 봉지련
은 가두었다. 세자가 봉지련을 걱정하느라 음식을 먹지 않았다.
임금이 세자가 미치거나 병이 들 것을 염려해서 봉지련을 풀어
주고 비단을 주었다.

_ 태종 10년(1410, 경인) 11월 3일

평양 기생 소앵

판내섬시사判內贍寺事 김매경金邁卿, 판예빈시사判禮賓寺事 박수기朴堅基를 파면하였다. 앞서 사헌부에서 아뢰었다.

"동궁전 북쪽 담 밑에 작은 지름길이 있습니다. 반드시 몰래 드나드는 자가 있을 것입니다."

임금이 동궁전의 어린 내관을 국문하니 예빈시의 종 조덕중과 내섬시의 종 허원만, 서방색書房色 진포陳鋪 등이 몰래 평양 기생 소앵을 동궁전에 바친 지 여러 날이 지났다고 아뢰었다.

임금이 대언 등에게 말하였다.

"세자가 날마다 내관과 함께 음란하게 노는 것을 멈추지 않는구나. 응견鷹犬, 사냥하는 매와 개과 기생의 풍악 소리가 울리지 않는 날이 없다. 지난해에 진포는 곤장을 쳐서 일하던 곳으로 돌려보냈다. 그런데 지금 진포가 또 동궁전에 몰래 들어와 밤만 되면 기생 소앵을 들인다고 한다. 이처럼 세자가 아직도 불의不義에 빠져서 잘못을 뉘우치지 않았고 마음을 바르게 고치지도 않았다. 하여 경승부敬承府: 1402년부터 1418년까지 세자 교육을 담당한 관청와 서연의 관직을 혁파하고, 그 관청의 창고까지 없애고자 한다."

세자의 장인 김한로金漢老에게 이를 명하려 하자 김여지 등이 말하였다.

"세자가 아직 어려서 뜻을 굳건히 하지 못하였기 때문입니다. 서연관을 없애는 것은 불가합니다."

임금이 심히 책망했으나 김여지 등이 강력히 청하여서 이 일은 중지되었다.

소앵은 평양으로, 진포는 곤장 1백 대에 홍주로, 조덕중은 공주로 보내 모두 노역하게 하였다. 허원만은 도망쳤다. 동궁전의 북문을 막도록 명하고, 김매경 등은 파면하였다. 조덕중과 허원만을 내버려 두었기 때문에 일이 여기에 이른 것이다.

임금이 빈객賓客 조용趙庸, 변계량卜季良을 불러 심히 책망하여 말하였다.

"세자를 가르치는 것이 경들의 임무다. 어째서 불의한 일이 이 지경에 이른 것이냐?"

이 일로 세자가 먹지 않자, 중전靜妃: 원경왕후이 내관을 시켜 세자에게 말하였다.

"너는 어리지도 않은데 어찌 이런 일을 만들어 부왕의 노여움을 일으키느냐? 이제부터 삼가고 효도를 다하라. 이제 밥을 들도록 하라."

_ 태종 13년(1413, 계사) 3월 27일

창기를 태우려고 장인의 말을 가져오다

세자가 밤에 창기를 들였다. 몰래 궁궐 안의 노복을 시켜 장인 김한로의 집에서 말을 끌고 왔다. 창기를 태우고자 함이다.

_ 태종 14년(1414, 갑오) 1월 2일

상왕의 기생 초궁장

세자가 대궐 잔치에서 춤추는 기생 초궁장을 가까이하였다. 임금이 이를 알고 초궁장을 내쫓았다. 초궁장은 예전에 상왕上王: 정종이 가까이하였는데, 세자가 이를 모르고 사통했기 때문이다.

_ 태종 15년(1415, 을미) 5월 13일

곽선의 첩 어리

전 판관判官 이승李昇, 전 소윤小尹 권보權堡, 악공樂工 이법화李法華, 내관 김기金奇 등을 의금부에 가두라고 명하였다. 앞서 악공 이오방李五方이 세자에게 전 중추中樞 곽선郭璇의 첩 어리於里의 미모와 기예가 뛰어나다고 칭찬하자, 세자가 즉시 데려오라고 하였다. 이오방 등이 곽선의 조카사위인 권보權堡에게 말을 넣자 권보가 말하였다.

"곽선은 나와 사돈이니 어찌 명을 따르지 않겠는가?"

권보가 첩 계지桂枝를 시켜 세자가 찾는다는 말을 어리에게 했지만 어리가 응하지 않았다.

이법화가 세자에게 "선물을 보내는 것이 좋겠습니다" 하니 즉시 수놓은 비단주머니를 보냈는데 어리가 사양하자 억지로 두고 돌아왔다. 어리가 이 일을 곽선의 양아들인 이승李昇에게 알리려 이승의 집에 머물러 있었다. 이법화가 달려가 세자에게 말하였다.

"이 기회를 놓쳐서는 안 됩니다."

세자가 이오방 등 몇 사람을 거느리고 대궐 담을 넘어 이승의 집에 갔다. 이승이 막았으나 잠시 후에 어리를 만나게 되었다. 드디어 어리와 함께 이법화의 집에 가서 자고, 어리를 궁궐로 데려왔다. 세자가 이승에게 활을 보냈고, 어리 또한 이승의 처에게 비단을 보냈다. 이승은 활만 받고 비단은 받지 않았다. 이승이 임금에게 고하려 하자 세자가 사람을 시켜 말하였다.

"너는 나의 일을 사헌부나 형조에 고하려는 것인가? 이 일을 어디에 고하려는 것인가?"

이승이 두려워서 임금께 아뢰지 못하였다.

_ 태종 17년(1417, 정유) 2월 15일

어리, 세자의 딸을 낳다

앞서 임금이 조말생에게 비밀스럽게 말하였다.

"세자가 작년에 곽선의 첩 어리를 빼앗아 세자전에 들였다가 발각되어 어리를 내보냈다. 그런데 어느 날 청평군淸平君 궁주宮主: 태종의 제1녀 정순공주와 평양군平壤君 궁주宮主: 태종의 제2녀 경정공주가 중궁전에 들었다고 해서 내가 가보았다. 평양군 궁주가 말하기를, '세자전에서 유모를 구하기에 보냈습니다' 하니 중전이 놀라며 어떤 아이냐고 묻자, 궁주가 '어리가 낳은 세자의 딸입니다'라고 말하였다. 일의 연유를 알아보니 김한로의 말에 따라 김한로의 처가 어리를 종이라고 속여 말하고 세자전에 다시 바쳤다는 것이다.*

세자가 어려서부터 기골이 장대했다. 자라면서 학문을 쌓으면 종묘사직을 이을 만하다고 생각했다. 그래서 부지런히 학문을 가르치고 깨우치게 하였다. 그러나 이제 수염이 나고 자식이 있는데, 학문은 좋아하지 않고 음탕한 짓이 날로 심해지고 있다.

---

* 후에 폐위된 양녕이 어리를 보려고 집의 담을 넘어 도망을 쳤다. 양녕의 유모 약장과 김한로(양녕의 장인)의 비첩 가이 등이 이 일은 어리 때문에 일어난 일이라며 어리를 협박하자 목을 매어 죽었다.

역대의 임금 가운데 사사로운 마음에 의해 세자를 바꾼 이도 있었고, 거짓을 꾸며 헐뜯어서 세자를 폐한 이도 있었다. 나는 이를 거울삼아 이런 짓을 하지 않겠다고 맹세하였다. 그런데 세자의 행동이 이와 같이 광망하니 어찌하면 좋겠느냐? 어찌하면 좋단 말이냐? 태조께서 개국한 지 얼마 되지도 않았는데 손자대에서 이 같은 자가 생겨 버렸으니 어찌해야 한단 말이냐?"

_ 태종 18년(1418, 무술) 3월 6일

6-7. 폐세자가 되다

공론에 부쳐진 양녕의 협박 편지

한양에 있는 세자 양녕이 내관 박지생朴枝生을 보내 개성에 계신 임금께 편지를 올렸다. 내용은 이러하다.

전하께서는 전하를 모신 시녀들을 다 궁중에 두셨는데, 이 것이 어찌 그들을 귀하게 여겨서이겠습니까? 가이태종이 총애 한 기생으로 후궁이 되는 기생이라 내보내야 했지만 생활하기 힘 들 것을 염려하고 또 바깥에서 사람들과 함부로 지내면 임 금께 누가 되기에 내보내지 않으셨습니다. 그런데 신의 여 러 첩은 내보내시니 울음소리가 사방에서 들리고 원망이 나 라 안에 가득합니다. 주상께서는 어찌 스스로를 돌아보지 않으십니까?

부자 사이인데도 저를 책망하신다면* 이별해야 하지만 이별한다면 해로운 일이 더 많을 것입니다. 신은 이와 같이 할 수 없습니다. 이는 악기의 줄을 끊는 것과 같습니다. 저는 여색에 빠져 방탕하게 살려는 마음은 없습니다. 다만 정에 이끌리다 보니 여기에 이른 것입니다. 한漢나라 고조는 재물을 탐내고 여색을 좋아했지만 천하를 평정하였고, 진晉나라 왕 광廣은 어질다고 칭송받았지만 즉위하자마자 나라가 망했습니다. 전하는 어찌 신이 크게 효도할 것을 믿지 못하십니까?

지금 저의 첩을 금하는 것은, 잃는 것은 많고 얻는 것은 적을 뿐입니다. 왜냐하면 지금 저의 첩을 금하신다고 해서 천세만세 후손들의 첩을 금할 수는 없으실 것이고 겨우 첩 하나 내보내는 데 그치기 때문입니다.

왕은 사사로움이 없어야 합니다. 신효창申孝昌은 태조를 불의조사의 난에 빠뜨려서 그 죄가 무거운데 용서받았습니다. 그런데 신의 장인 김한로는 오직 신의 마음을 기쁘게 한 것뿐인데 전하께서 포의지교布衣之交: 베옷을 입고 다닐 때의 사귐이라

---

* 부자지간불책선(父子之間不責善): 부자지간에는 선행을 하라고 책망하지 않음을 이름.『맹자』(孟子)「이루상편」(離婁上篇).

는 뜻으로, 벼슬을 하기 전 선비시절에 사귄 벗를 잊고 모질게 대하시니,* 이는 공신을 대하는 도리가 아닙니다. 아비의 일로 세자빈은 아이를 가졌는데 죽도 먹지 않고 있습니다. 이 때문에 갑자기 변고라도 생기면 이는 보통 큰일이 아닙니다.

원컨대, 지금까지의 일을 용서해 주신다면 앞으로 새사람이 되어 추호도 흔들리지 않겠습니다.

임금이 양녕이 쓴 편지를 읽고 난 후 육대언六代言과 변계량에게 보여 주며 말하였다.

"이 말은 모두 나를 욕되게 하는 것이다. 이는 '아버지가 올바르지 못하다'는 말인데, 만약 내가 조금이라도 부끄러운 짓을 했다면 어찌 이 글을 너희들에게 보이겠느냐? 망령된 일을 가지고 말을 하니, 내가 명백히 분별하고자 한다."

세자에게 보낸 임금의 말은 이러하다.

전에 내가 너에게 경고한 적이 있다. 김한로가 여자를 바친 일이 다시 조정에서 논의되면 반드시 김한로를 죽여야 한다

---

* 태종이 어리의 일로 책임을 물어 세자와의 인연을 끊게 하고 나주로 내려 보냈다.

고 했다. 또 김한로가 '신의 죄는 열 번 죽어 마땅합니다'라고 말하였다. 그런데 너는 어찌 김한로에게 죄가 없다고 하느냐?

신효창은 왕명을 받고 태조를 따랐던 까닭에 벌하지 않은 것이다. 그런데 너는 어찌 신효창의 죄가 무겁다고 생각하느냐?

세자빈이 아이를 가졌기에 죄인의 딸이어도 궁궐로 돌아오게 한 것이다. 그러나 아비의 일로 죽는다 해도 내가 어찌 안타까워하겠느냐? 죽도 먹지 않아 변고가 생긴다는 말로 어찌 내 마음을 움직일 수 있겠느냐?

사부師傅와 빈객賓客들이 김한로에게 어버이의 연을 끊는 선에서 어리의 일에 대한 책임을 지게 하라고 청하였다. 이에 인연을 끊게 하고 나주로 유배 보낸 것이다. 만약 네가 김한로에게 죄가 없다고 다시 말한다면 김한로는 반드시 죽게 될 것이다.

_ 태종 18년(1418, 무술) 5월 30일

세자가 작년태종 17년 2월 22일에 어리의 일과 그 동안의 잘못을 반성하며 뉘우친다는 뜻으로 맹세의 글을 지어 종묘에 고하고 주상전에 올렸다. 그런데 얼마 지나지 않아 어리를 김한로의 집에 숨겼다가 다시 동궁전에 들였다. 이 일이 이번에 발각되자 임금이 종사의 대계를 위해 세자를 꾸짖어 스스로 새사람이 되게 하고자 하였다.

김한로는 세자와 어버이의 연을 끊게 하고 지방에 유배 보냈는데, 이를 두고 세자가 원망하고 분개하는 마음을 품어 편지를 올렸다. 큰 글씨로 2장이나 쓴 편지의 내용이 심히 무례하고 불손하였다.

이에 임금이 조말생에게 명하여 세자의 글을 영의정 유정현柳廷顯·좌의정 박은朴블 등에게 보이게 하고 말하였다.

"세자가 그동안 불효를 많이 하였으나 집안의 수치를 바깥에 드러낼 수 없어서 잘못을 덮어두기만 했다. 그리고 스스로 잘못을 뉘우치고 깨닫기만을 바랐다. 그런데 이제 도리어 나를 원망하고 미워함이 이 지경에 이르고 말았다. 내가 어찌 이를 숨기겠느냐?"

_ 태종 18년(1418, 무술) 5월 30일

세자를 폐하소서

유정현柳庭顯·박은朴블·한상경韓尙敬·유창劉敞·정탁鄭擢과 육조, 삼군, 대간이 모두 조계청에 나왔다. 임금이 조말생과 이명덕 등에게 전하여 말하였다.

"세자 이제李禔: 양녕가 간사한 신하의 말을 듣고 여색에 빠져 불의한 행동을 제멋대로 하였다. 훗날 생사여탈의 권력을 마음 대로 휘두른다면 나라의 형세도 예측하기 어려워질 것이다. 그 러니 여러 재상들은 이를 자세히 살펴서 나라를 위한 바른 결단 을 내리고 시행하라."

이에 의정부, 삼공신, 육조, 삼군도총제부三軍都摠制府 등 각 관 청의 신하들이 상소하여 세자를 폐할 것을 청했다. 내용은 이러 하다.

신 등이 간절히 생각건대, 신하와 자식의 도리는 충효에 있 습니다. 충효가 어그러지면 사람이 될 수 없는데, 하물며 세 자이겠습니까? 지난번 세자가 간신 구종수 등과 사사로이 통하며 불의를 자행했을 때 즉시 폐하여 추방했어야 합니다. 그런데 전하께서 적장자라 차마 폐하지 못하셨습니다. 또 세자에게 스스로 잘못을 깨닫게 하여 종묘에 고하고 전하께 반성의 글을 올리게 하셨습니다. 세자 양녕이 스스로 새사 람이 되어 악을 버리고 선을 닦고 행하기를 바라셨으니, 전 하의 마음이 자애롭기 때문입니다.

세자는 마땅히 자신을 깊이 꾸짖어 반성하고 이후에는 같은 잘못을 저지르지 않아야 합니다. 이것이 종묘를 받드는 중책을 계승하고 군부君父의 은혜에 보답하는 것입니다.

그런데 세자는 잘못을 뉘우쳐 새사람이 될 뜻은 없고, 간신 김한로의 말을 들어 예전의 잘못을 또 저질렀습니다. 이는 큰 잘못입니다. 그 죄가 하늘을 속이고 종묘를 속이고 임금을 속이고 아버지를 속이는 데 이르렀습니다. 이런 사람이 종묘사직을 이어받을 수는 없습니다.

전하께서 부자간의 사사로운 정으로 김한로만을 지방으로 내치시니, 종사와 국가의 대계는 어찌 되며, 만백성의 소망은 어찌 되겠습니까? 대소 신료들은 그저 분하고 답답하기만 합니다. 이번 일은 매우 중요하기에 감히 말을 올립니다. 세자는 잘못을 뉘우치기는커녕 도리어 원망하고 노여운 마음을 일으켜 손수 편지를 써서 올렸습니다. 그 내용 또한 오만방자하여 신하와 자식 된 자의 도리가 조금도 없습니다. 신들은 놀라고 두려워 몸이 떨릴 뿐입니다. 이에 죽음을 무릅쓰고 아뢰옵니다. 엎드려 바라건대, 전하는 태조께서 개국하실 때의 어려움을 생각하고 종사와 만세의 대계를 생각하소서. 대소 신료의 마음을 따르시어 대의로써 결단하소서. 세자를 폐하여 지방으로 내치도록 허락하소서.

_ 태종 18년(1418, 무술) 6월 2일

어진 충녕대군, 세자가 되다

세자 이제를 폐하여 광주廣州로 추방하고 충녕대군忠寧大君을 왕세자로 삼았다. 임금이 말하였다.

"백관들의 상소를 읽어 보니 몸에 소름이 끼치듯 오싹하다. 이는 천명이 떠나가 버린 것이다. 내 이를 따르겠다."

_ 태종 18년(1418, 무술) 6월 3일

七.

명분과 실리의 이중주, 외교

7-1. 뜨거운 감자, 동북면

고려 윤관이 세운 비석의 내용을 확인하라

영춘추관사領春秋館事 하윤과 지춘추관사知春秋館事 권근에게 사고
史庫를 열어 고려『예종실록』睿宗實錄을 살펴보라고 명하였다. 고
려의 시중侍中 윤관尹瓘이 동여진東女眞을 치고 국경에 세운 비석
의 내용을 조사하기 위함이다. 이는 황제영락제가 왕가인王可仁을
여진에 보내 건주위建州衛: 명나라 남만주 길림 부근의 지방 행정 단위를 설
치하려고 했기 때문이다. 이에 윤관이 세운 비석을 근거 삼아 동
북면의 관할권이 조선에 있음을 확실히 하고자 한 것이다.

_ 태종 4년(1404, 갑신) 4월 27일

동북면이 조선의 관할임을 논증하다

계품사計稟使 예문관제학藝文館提學 김첨金瞻이 왕가인과 함께 주본奏本: 제후가 황제에게 올리는 글을 가지고 명나라 수도에 갔다. 주본의 내용은 이러하다.

조사해 보건대, 조선의 동북 지방은 공험진公嶮鎭: 현재 위치가 분명치 않음부터 공주孔州·길주吉州·단주端州·영주英州·웅주雄州·함주咸州까지 모두 조선의 땅에 속해 있습니다.

요遼나라 건통乾統 7년1107년, 동여진이 난을 일으켜서 함주 이북의 땅을 빼앗았는데, 고려의 예왕睿王 왕우王俁가 요나라에 토벌을 요청하고, 군사를 보내 그 땅을 회복하였습니다. 원元나라가 들어서고 무오년에 여진을 복속시킬 때에는, 고려조에 반대했던 조휘趙暉와 탁청卓靑 등이 그 땅을 가지고 원나라에 항복했습니다. 그러자 원나라는 조휘를 총관摠管: 고려 후기 원나라가 고려를 간접통치하기 위하여 설치한 쌍성총관부 등의 장관급 직책으로 탁청을 천호千戶로 삼아 백성을 관할하게 했습니다. 이곳은 여진인들이 섞여 살고 있어서 여진 말로도 칭했습니다. 길주를 '해양'海陽', 단주를 '독로올'禿魯兀, 영주를 '삼산'參散: 북청(北靑), 함경남도 동북부, 웅주를 '홍긍'洪肯, 함주를 '합란'哈蘭이라 칭했습니다. 그런데 지정至正 16년1356년, 공민왕 왕전王顓이 원나라의 관할을 혁파하고 이 땅을 고려에 다시 귀속시켰습니다. 이때부터 고려의 관리를 공험진 이남에 보내 다스렸습니다.

성조聖朝 홍무洪武 21년1388년 2월 명나라 호부의 자문을 받았습니다. 명나라 태조고황제太祖高皇帝께서 명하시기를, '철령鐵嶺 이북以北·이동以東·이서以西의 군민을 요동에서 관할하게 하라'고 하셨습니다. 이에 고려에서는 즉시 밀직제학密直提學 박의중朴宜中을 명나라에 보내 공험진 이북은 요동에 돌려주고, 공험진 이남부터 철령까지는 고려에서 관할하기를 청했습니다. 6월 12일 박의중이 명나라 예부의 자문을 받아 경사에서 돌아왔습니다. 예부상서 이원명李原明 등이 당년 4월 18일 황제의 명을 받들기를 '철령 지역에 대해 고려에서 청하는 말이 있다. 이 지역은 전처럼 고려에서 관리를 보내 다스리게 하라'고 하였습니다.

그런데 지금 동녕위東寧衛 천호千戶: 고려 후기에 몽골의 영향을 받아 설치한 관직 왕수王脩가 가지고 온 칙유를 받들어 보니, '삼산·독로올 등의 여진인을 명나라에 입조시키기 위해 불러오라'고 하십니다.

상고하건대, 동북면 10곳에 살고 있는 삼산천호參散千戶 이역리불화李亦里不花: 이지란의 아들 이화영 등은 비록 여진인이지만 조선 땅에 와서 산 지 오래되었습니다. 또 이들이 원나라 장수 나하추納哈出의 군사와 싸우고, 여러 번 왜구의 침략을 겪으며 거의 죽고 살아남은 자들이 얼마 안 됩니다. 또 이곳 여진인은 조선의 백성과 혼인하고 자손을 낳아 조선인으로 살고 있습니다. 그리고 신의 조상은 동북면에 살았습니다. 신의 5대조인 이안사李安社의 묘가 현재 공주에 있고, 고조부 이행리李行里와 조부 이자춘李子春의 묘가 함주에 있습니다.

생각건대, 조선은 성조이신 명나라 고황제의 명을 여러 번 받았습니다. 이는 다스림의 도리가 미치지 않는 곳이 없고, 모든 것을 평등하게 사랑하시기 때문입니다. 명나라『대명률』大明律「호율」戶律에 의하면, '홍무洪武 7년1374년 10월 이전에 거주지를 옮기고, 옮긴 곳의 호적에 올라 부역하는 자는 논하지 말라'는 법이 있습니다. 조선은 이미 여진인을 차별 없이 평등하게 대하고 있습니다.

고황제께서 공험진 이남은 고려가 관할하도록 명하셨습니다. 이에 따라 조선은 그 지역과 여진인들을 관할하였고, 앞으로도 계속 관할하기를 청합니다. 이 일을 고하기 위해 예문관제학 김첨에게 황제께 올리는 글과 지형도본地形圖本을 가지고 명나라 수도에 들어가게 합니다.

명나라, 조선의 관할권을 인정하다

계품사計稟使 김첨金瞻이 황제의 칙서를 가지고 명나라 서울에서 돌아왔다. 칙서의 내용은 이러하다.

> 조선 국왕에게 알린다. 올린 글에서 말한 삼산參散 지역에 살
> 며 조선으로부터 천호의 관직을 받은 이역리불화李亦里不花:
> 조선 개국공신 이지란의 아들 이화영 등 조선의 동북 지역 열 곳에 살
> 고 있는 여진인들을 주청한 대로 조선이 관할할 것을 수락
> 한다.

임금이 김첨에게 논밭 15결을 하사하였다.

명나라의 이중 플레이

명나라 사신 왕교화적王敎化的 등이 4월 8일에 길주吉州에 도착해서 동맹가첩목아童猛哥帖木兒와 파아손把兒遜 등이 사는 곳에 수행

원을 보냈다. 동맹가첩목아 등이 말하였다.

"우리 여진인*이 조선을 섬긴 지 20여 년이다. 조선이 명나라와 형제처럼 친하게 교류하고 있는데 우리가 어찌 따로 명나라를 섬길 수 있겠는가?"

14일에 왕교화적이 오음회^{吾音會: 함경북도 회령}에 도착하자 동맹가첩목아가 휘하 사람을 거느리고 나가 명나라의 명을 받들지 않겠다고 했다. 파아손·착화^{着和}·아란^{阿蘭} 등 세 만호^{萬戶}도 길에서 명나라 사신의 수행원에게 말하였다.

"우리들은 조선을 섬기고 있다. 너희들이 함부로 사신이라 일컬으며 마음대로 왕래하는데 우리는 이를 거절하고 상대하지 않겠다."

이들 세 만호가 오음회에서 동맹가첩목아와 함께 다음과 같이 약속하였다.

"본래의 뜻을 변치 말고 조선을 우러러 섬기며 두 마음을 갖지 말자."

_ 태종 5년(1405, 을유) 4월 20일

---

* 15세기 두만강 유역에 살던 여진의 부족은 울량합(兀良哈: 우량하이), 울적합(兀狄哈: 우디거), 오도리(斡都里), 건주여진이다. 16세기 말 건주여진의 추장 누르하치가 부족을 통합하여 청나라를 세운다.

명나라에서 보낸 백호百戶 **김성**金聲**이 동북면에 이르러 황제의 뜻을 여진에 알렸다.**

황제가 **모련**毛憐: 두만강 근처 지역 올량합의 만호 파아손·착화·답실 등에게 가르침을 내리니, 너희는 이를 알도록 하라. 짐이 즉위한 지 3년이다. 천하가 태평하고 온 세상의 안팎이 모두 한 집안과 같다. 그런데 너희들은 이를 알지 못하여 황제의 은택을 받지 못하니, 강한 자가 약한 자를 업신여겨 깔보고, 많은 자가 적은 자를 잔혹하게 대한다. 이래서야 어찌 편안할 수 있겠느냐?

이제 백호 김성 등을 보내어 짐의 뜻을 너희에게 가르치고, 아울러 비단 등을 하사한다. 너희들이 하늘의 뜻을 공경히 따라 마음을 다해 중국에 들어온다면, 각 지역에 명나라 소속의 행정단위인 위衛를 세워 주고, 도장[印信]을 나누어 주며, 합당한 지위와 물품을 내려 주겠다. 너희들은 대대로 그 땅에서 살아가며 스스로를 다스리라. 사냥과 방목으로 편안하게 생활하고 마음대로 왕래하며 장사도 하라. 이는 태평의 복을 함께 누리고자 함이다. 이를 깨닫게 하고자 타이르노라.

_ 태종 5년(1405, 을유) 4월 25일

7-2. 명황실, 조선인 권비 살인 사건

진헌녀, 딸을 보내느니 죄인이 되겠다는 부모들

진헌색進獻色: 조선시대 중국에 진헌할 때 그 물품을 마련하기 위해 임시로 둔 관청을 설치하여 처녀를 모으고, 나라 안에 혼인을 금지하였다. 의정부 찬성사贊成事 남재南在와 참지의정부사參知議政府事 함부림咸傅霖 그리고 한성윤漢城尹 맹사성孟思誠을 제조提調: 감독 책임자로 삼고, 경차관敬差官을 각 도에 보내 처녀를 뽑게 하였다.

공사 노비와 천민을 제외하고, 13세 이상 25세 이하의 양가 처녀를 모두 뽑게 하였는데, 이후에 노비가 없는 양반과 서인의 딸은 뽑지 말라는 명이 내려졌다. 처녀들을 뽑고 난 후에 경차관을 각 도에 보내 간택하니, 나라가 어수선하고 몰래 혼인하는 자가 매우 많았다. 이에 의정부에서 혼인을 금하는 영을 내려야 한다고 아뢰었다.

"경차관은 자신이 맡은 지역에 도착하면 관찰사를 거치지 말고, 직접 관리를 뽑아 각 고을 수령으로부터 딸을 몰래 혼인시킨 범죄 사실을 진술받게 하소서. 만일 영을 어긴 사람과 숨어서 나타나지 않는 사람이 있다면 수령까지 죄를 주소서. 4품 이상은 관찰사에게 보고하고, 5품 이하는 경차관이 직접 처단하게 하소서."

_ 태종 8년(1408, 무자) 4월 16일

영락제의 총애를 받은 권씨

사은사謝恩使 이양우李良祐와 부사副使 민여익閔汝翼이 명나라 서울에서 돌아왔다. 이양우 등이 말하였다.

"2월 9일에 황제가 북경에 거둥하셨습니다. 조선에서 보낸 처녀 권씨를 현인비顯仁妃에 봉하고, 그 오라비 권영균權永均을 3품의 작위인 광록시경光祿寺卿에 제수했습니다. 채단 60필, 채견 3백 필, 비단 10필, 황금 2정, 백은 10정, 말 5필, 안장 2면, 옷 2벌, 초鈔: 종이돈 3천 장을 하사하셨습니다.

그 나머지도 차등 있게 작위을 봉하였는데, 임첨년任添年은 홍려경鴻臚卿, 이문명李文命과 여귀진呂貴眞은 광록소경光祿少卿으로 모두 4품의 작위입니다. 최득비崔得罪는 홍려소경鴻臚少卿으로 5

품의 작위입니다. 각각 채단 60필, 채견 3백 필, 비단 10필, 황금 1정, 백은 10정, 말 4필, 안장 2면, 옷 2벌, 초鈔 3천 장을 하사하셨습니다."

_ 태종 9년(1409, 기축) 4월 12일

진헌녀 여씨, 현인비 권씨를 살해하다?

윤자당尹子當의 역관 원민생元閔生이 명나라 서울에서 돌아와 황제의 뜻을 받들어 전하였다. 내용은 이러하다.

> 황후가 죽은 뒤에 권비權妃: 현인비에게 궁중 일을 맡아 보게 명하였다. 같은 조선인 여씨가 권비를 보고 '자손이 있는 황후가 죽었으니, 네가 몇 개월이나 궁궐 일을 맡아 보게 되겠느냐'라고 무례하게 말하였다.
> 이곳 내관 두 놈이 고려의 내관 김득, 김양 등과 친형제처럼 지냈다. 그 중 한 놈이 은세공의 집에서 비상을 가져와 여씨에게 주었다. 영락永樂 8년 남경으로 돌아갈 때 여씨가 양향良鄕에서 비상을 호도 차에 넣어 권비에게 마시게 하였다.
> 짐이 처음에는 이 일을 알지 못했다. 그런데 지난해 권비의 노비가 여씨의 노비에게 욕하며 '너희 주인이 약을 먹여 우

리 권비를 죽였다'고 말했다. 이때 비로소 짐이 알게 되었다. 사건의 경위를 따져 물으니 이와 같았다.[*]

이 일을 저지른 내관 놈들과 비상을 준 은세공인은 모두 죽였고, 여씨에게는 불에 달군 쇠로 몸을 지지는 형벌을 가했는데, 낙형한 지 1개월 만에 죽었다.

너는 조선으로 돌아가 이런 상황을 자세히 말하라. 권영균에게 사건의 내막을 알리고 여씨의 어버이에게도 말하라.

임금이 즉시 의정부와 육조를 불러 의논하였다. 여씨의 아비인 여귀진은 이미 죽은 뒤라 어미와 친족을 의금부에 가두라고 명하였다.

_ 태종 14년(1414, 갑오) 9월 19일

[*] 뒷날 밝혀진 권비 죽음의 진실 : 영락제의 궁녀인 여씨(呂氏)가 진헌녀로 온 조선인 여씨(呂氏)에게 같은 성씨라며 좋게 지내자고 했으나 조선인 여씨가 이를 들어주지 않았다. 그러자 권비의 죽음을 조선인 여씨의 짓이라고 무고하였고, 이에 분노한 황제가 조선인 여씨와 궁인들, 환관 수백여 명을 죽이는 사건이 벌어진 것이다.

7-3. 조선인 환관이 가장 똑똑하다

명나라 사신 흠차내사欽差內史 한첩목아韓帖木兒, 윤봉尹鳳, 이달李達, 김득남金得南 등이 황제의 자문咨文을 가지고 왔다. 사신을 맞기 위해 거리를 아름답게 장식하였다. 조정의 관리들이 반송정盤松亭: 서울 서대문구 부근에 나가 사신을 맞이하였다. 임금이 창덕궁 인정문仁政門에 나가 사신을 맞이하여 안으로 들였다. 황제의 자문은 이러하다.

너희 예부는 문서를 보내 조선 국왕에게 알리라. 한첩목아를 조선에 사신으로 보내 조선인 화자火者: 여덟 살부터 열두서너 살까지의 환관 후보자를 보내라는 내 뜻을 전하게 하라.

짐이 안남安南: 베트남에서 화자 3천 명을 데려왔는데 모두 어리석어 쓸 데가 없다. 오직 조선의 화자가 명민해서 일을 맡기고 부릴 만하다. 그래서 조선의 화자를 구하는 것이다.

다만 자문 안에 화자의 수를 정하지는 말라. 그 수를 정하면 조선 국왕이 이를 다 채우지 못할 때 노심초사할까 봐 걱정이 된다.

임금이 한첩목아에게 말하였다.

"황제는 몇 명의 화자를 생각하십니까?"

한첩목아가 말하였다.

"3, 4백 명보다 적지는 않을 것입니다."

임금이 말하였다.

"화자의 씨가 따로 있는 것도 아닌데 이렇게 많이 구할 수 있겠습니까?"

그리고 광연루에서 잔치를 베풀고, 사신들에게 말을 주었다.

_ 태종 7년(1407, 정해) 8월 6일

한첩목아 등이 명나라로 돌아가니 임금이 숭례문 밖에서 전송하였다. 이조참의 김천석金天錫에게 화자 29명을 인솔해서 사신을 따라 명나라 서울에 가게 하였다.

_ 태종 7년(1407, 정해) 10월 7일

7-4. 여진, 신하에서 약탈자로

여진의 무장한 기병이 쳐들어오다

올적합兀狄哈 김문내金文乃와 갈다개葛多介 등이 오도리吾都里·올량합兀良哈의 무장한 기병 3백여 명과 결탁해서 경원부慶源府: 함경북도 경성 지역에 쳐들어왔다. 병마사 한흥보韓興寶가 이들과 싸우다가 죽었다.

모련위毛憐衛 지휘指揮 보을오甫乙吾가 사람을 시켜 한흥보에게 '장차 적병이 경원을 침략한다는 것을 건주위建州衛 지휘指揮 아고거阿古車에게 들었다. 미리 알고 방비하라'고 전하였다. 그런데 한흥보가 이를 믿지 않았다.

다음날 새벽, 성 밖에 적병이 들이닥치자 한흥보가 허겁지겁 수비군사 1백 명을 이끌고 출전하였다. 한흥보가 탄 말이 화살에 맞아 죽고, 한흥보도 화살 세 발을 맞고 겨우 성 안으로 들어왔지만 3일 만에 죽었다. 관군 15명이 죽었고, 말 5필이 죽었다.
성을 포위한 적이 성 밖의 임시 가옥에 불을 질러 그 안에 모아
두었던 것이 다 타버렸다.

_ 태종 10년(1410, 경인) 2월 3일

군사를 일으켜 조선의 위용을 알게 하라

동북면 병마도절제사兵馬都節制使 연사종延嗣宗이 한흥보가 싸움
에 패하고 죽은 상황을 급히 보고하였다. 놀란 임금이 나라를 위
해 싸우다 전사한 한흥보를 위해 쌀과 콩 40석과 종이 1백 권을
부의하고, 시신이 돌아오면 장사 지내도록 명하였다. 임금이 올
적합을 토벌하려고 전에 경원 지역을 지켰던 자들을 모조리 불
러들여 방법과 계략을 물었다. 조영무 등이 아뢰었다.

"지금 올적합 등이 까닭 없이 침략하여 그곳을 지키는 장수를
죽였습니다. 이것을 내버려 둔다면 저들이 뉘우치고 경계하지
않을 것입니다. 올적합의 종족인 파을소波乙所 지휘指揮는 중간
지역에 살면서 양쪽에 항복하니 이 또한 멸해야 합니다. 길주 찰
리사察理使에게 도내의 병마 1천을 징발하여 치게 한다면 단번에
멸할 수 있을 것입니다."

임금이 이를 옳다고 생각하였다. 대호군 박미朴楣를 경원에 보

내 상황을 알아오게 하였다. 돌아오는 날에는 여진과의 전투에서 뛰어났던 자 중에 한 명을 데려오라고 명하였다. 첨총제僉摠制 곽승우郭承祐를 경원진慶源鎭 병마사兵馬使로 삼고, 행사직行司直 안을귀安乙貴를 경원진慶源鎭 좌우익도천호左右翼都千戶로 삼아 역마를 타고 속히 부임하게 하였다.

임금이 의정부에 명하여 여진 토벌을 의논하게 하니, 하윤과 성석린이 대답하였다.

"작은 산도둑을 이긴다 한들 군대의 위세를 높이는 데 무슨 도움이 되겠습니까? 이 도둑은 본래 쥐와 개처럼 숨어서 훔치기만 하고 많은 군사에게는 덤비지도 않습니다. 우리 군사가 그곳 경계에 진군하면 산골짜기로 도망치고, 우리 군사가 퇴각하면 다시 침략할 것입니다. 임금의 군대만 수고롭게 하고, 훗날 변방의 전투만 생기게 할까 염려됩니다."

조영무와 유양 등이 아뢰었다.

"감히 작은 도적이 우리 땅에서 독한 성미를 함부로 부리니, 이때에 섬멸하지 않으면 우리 군사의 힘을 보일 수 없습니다. 또이 도적뿐만 아니라, 오도리·올량합도 두려워하지 않고 있으니 군사를 일으켜 함께 멸해야 합니다."

임금이 조영무 등의 의견을 따라 조연을 우두머리 장수로 삼고, 전 도절제사 신유정辛有定과 전 동지총제同知摠制 김중보金重寶

를 동북면 조전절제사助戰節制使로 삼아, 신유정 이하 모두가 조연의 지시를 받게 하였다.

_ 태종 10년(1410, 경인) 2월 10일

두만강을 건너 여진을 공격하라

길주 도찰리사 조연이 군사를 거느리고 두만강을 건넜다. 그 뒤를 조전절제사 신유정·김중보와 경원 병마사 곽승우가 따랐다.

_ 태종 10년(1410, 경인) 3월 6일

길주 도찰리사 조연 등이 두문에 이르렀다. 모련위의 지휘 파아손·아고거·착화·천호 하을주 등 네 사람을 유인하여 죽였다. 우리 군사들이 그 부족 수백 명을 섬멸하고, 남자 한 명과 여자 26명을 사로잡았으며, 여진의 가옥을 불태웠다. 장수들이 남녀 약간 명을 붙잡았다.

_ 태종 10년(1410, 경인) 3월 9일

7-5. 여진을 어르다

교역의 길을 터주어라

경성과 경원에 무역소貿易所*를 설치하라고 명하였다. 동북면 도순문사 박신이 아뢰었다.

"경성과 경원 지역에 여진인의 출입을 금하지 않는다면 무리지어 몰려들 우려가 있고, 여진인의 출입을 금하면 소금과 쇠를 얻지 못해 변경 지역에 사는 사람들 간에 틈이 생길 것입니다. 원컨대, 두 고을에 무역소를 설치하여 저들이 와서 교역을 할 수 있게 하소서."

* 조선조 때 여진을 회유하기 위하여 동북면의 경성(鏡城)과 경원(慶源)에 설치한 무역소. 여진은 모피와 우마 등을 가지고 와서 생활에 필요한 염철(鹽鐵)을 교역하여 갔다. 명(明)에서는 요동에 마시(馬市)를 설치했다.

임금이 그대로 따랐으나 쇠는 무쇠만 교역하게 하였다.

_ 태종 6년(1406, 병술) 5월 10일

여진인 자제로 궁궐을 지키게 하라

대호군 조정趙定을 동북면에 보냈다. 여진의 자제 중에 조선에
들어와 머물며 궁궐을 지킬 만한 자를 뽑기 위해서였다.

_ 태종 10년(1410, 경인) 5월 16일

구휼미를 내리라

동맹가첩목아에게 곡식 150석을 내려 주었다. 이보다 앞서 대
호군 박미朴楣가 여진 땅에서 돌아와 아뢰었다.

"여진인들이 몹시 굶주리고 있습니다. 동맹가첩목아가 '만일
나라에서 양식을 준다면 흩어지지 않겠지만, 주지 않는다면 모
두 흩어져 도둑이 되고 말 것입니다'라고 말하였습니다."

의정부에서 아뢰었다.

"여진인들이 몹시 굶주리고 있다고 합니다. 쌀을 보내 주는
것이 어떻겠습니까?"

임금이 말하였다.

"박미가 간 것은 오직 여진인을 굶주림에서 구하기 위한 것이다. 어찌하여 '어찌 합니까?' 하는 말만 하고 있느냐? 즉시 쌀을 내려 주도록 하라."

_ 태종 11년(1411, 신묘) 2월 5일

7-6. 유비무환의 군사훈련

취각령과 진법을 훈련하라*

삼군三軍: 좌·우·중군에게 살곶이벌東郊: 현재 뚝섬에서 진법 훈련을
하라고 명하였다. 임금이 말하였다.

"주나라 유왕幽王은 총애하는 애첩 포사褒姒를 즐겁게 해주려
고 봉화를 올려 제후들을 모았다. 제후들이 재빨리 모이는 것을
보고 포사가 웃으니 세 번이나 하였다. 나중에 신후申侯가 견융犬
戎: 중국의 서방에 있던 이민족을 데리고 주나라를 공격했을 때, 유왕이
봉화를 올렸지만 이를 장난으로 여긴 제후들은 모이지 않았고
주나라는 멸망하였다.

---

* 취각령(吹角令) : 긴급한 사변이 있을 때, 임금의 호위와 효과적 진압을 위해 한양에 있
는 모든 군사와 관원들을 대궐 앞으로 모이게 하던 제도. 일종의 비상대책훈련이다.

그러나 내가 군사를 훈련시키는 것은 이와는 다르다. 비록 날마다 취각을 불더라도 문무관은 그때마다 모여야 할 것이다. 의정부는 훈련의 규칙을 만들고 반복해서 군사들에게 알리라."

김한로金漢老가 말하였다.

"유왕의 일은 말할 것도 못 됩니다. 오늘날 취각 소리를 들은 자라면 일의 완급을 알 터인데 어찌 달려오지 않겠습니까?"

이튿날 판의흥부사判義興府事 이천우李天祐 등이 아뢰었다.

"어제 훈련할 때, 군사들이 모두 앉고, 서고, 전진하고, 후퇴하는 절차와 공격과 방어의 법을 알고 있었습니다. 한 사람도 규칙을 어기지 않았으니 진실로 전에 없던 일입니다. 원컨대 직접 한번 보소서."

임금이 이를 허락하자 또 아뢰었다.

"외방의 군사들이 매월 교대로 서울 군영에 들어오는데, 훈련소에서 미리 진법을 연습하게 하여 규칙을 알게 하소서."

임금이 말하였다.

"내 뜻도 그러하다."

_ 태종 10년(1410, 경인) 4월 26일

의정부에서 글을 올렸다.

위급한 때를 대비하는 취각령에 따라 의흥부義興府가 교지를 받으면 의금부에 보관하고 있는 삼군의 군기*를 궁궐 문 앞에 세우고, 취각을 불어 모든 군사들을 모아 명령을 기다립니다. 그런데 문관은 아직 규정이 정해지지 않아서 대소 신료들이 취각 소리를 듣고도 집에 편안히 앉아 있으니 신하의 의리에 어긋납니다. 원컨대 지금부터 취각을 불면 모든 문관들도 궁궐 앞의 막사에 모여 명령을 기다리게 하소서.

이를 그대로 따랐다.

_ 태종 10년(1410, 경인) 4월 26일

대대적인 군사훈련을 시행하라

명에 따라 취각을 불자 훈련이 안 된 갑사 몇 명이 말에서 떨어졌다. 임금이 의흥부에 명하였다.

"군사를 훈련시켜 양성하는 것은 적을 막기 위함이다. 아직까지 이런 자가 있다면 위급한 때에는 어찌할 것이냐?"

---

* 직문추우기(織紋騶虞旗). 하륜(河崙)의 건의로 태종 때 만들어진 삼군(三軍)의 군기(軍旗)로 중군주작기(中軍朱雀旗), 좌군청룡기(左軍靑龍旗), 우군백호기(右軍白虎旗)이다.

아패牙牌: 임금이 2품 이상 문무관에게 내린 호패로 영삼군사領三軍事 조영무, 판의흥부사判義興府事 이천우와 윤저 등을 불러 삼군기를 나누어 주며 말하였다.

"삼군의 깃발을 세우고 군사가 움직이면 백성이 많이 놀랄 수 있다. 하지만 이는 군법을 익히는 중요한 일이니 그만둘 수 없다. 경들은 삼군을 거느리고 서산西山에서 사냥하라."

_ 태종 11년(1411, 신묘) 12월 6일

전투선을 보강하라

우리 병선과 왜선倭船을 시험하라는 명이 내렸다. 대언 유사눌柳思訥에게 명하여 한강에서 우리 병선과 귀화한 왜인 평도전平道全이 만든 왜선의 속도를 비교했다. 유사눌이 보고하였다.

"물길을 따라 내려갈 때는 우리 병선이 왜선보다 30, 40보 뒤쳐지고, 물길을 거슬러 올라갈 때는 몇 백 보 뒤처졌습니다."

_ 태종 13년(1413, 계사) 1월 14일

임금이 임진도臨津渡를 지날 때 거북선龜船: 거북 모양으로 생긴 전함과 왜선의 전투 훈련을 구경하였다.

_ 태종 13년(1413, 계사) 2월 5일

7-7. 맹렬한 불꽃, 조선의 화약

군기감軍器監에서 섣달 그믐날 밤에 불꽃놀이용 화산대火山臺를 궁궐 안에 설치했다. 화약의 맹렬함이 전날보다 배나 강했다. 왜의 사신들이 보고 있었는데 모두 놀라고 두려워했다. 33명의 군기감 화약장에게 쌀 1석씩을 내려 주었고, 각 방면의 장인들에게 베 50필을 내려 주었다.

_ 태종 7년(1407, 정해) 12월 30일

군기감에서 역질을 쫓는 연례행사를 위해 궁궐 뜰에 화약을 설치했다. 여진족 올량합과 왜의 사신들이 구경했다. 불화살이 교차하며 발사되자 모두 놀라고 두려워하여 부산하게 달아났다. 그들 중에는 옷에 불이 붙은 자도 있었다.

_ 태종 13년(1413, 계사) 12월 29일

임금이 해온정解慍亭: 창덕궁 동북쪽에 지은 정자에 가서 화차火車 쏘는 것을 구경하였다. 군기소감 이도李韜와 감승監丞 최해산崔海山: 최무선의 아들에게 말 한 필씩을 내리고, 화통군火㷁軍에게는 베 50필을 내렸다. 화차란 철령전鐵翎箭: 중간 부분에 철로 만든 날개를 부착한 화살 수십 개를 구리통[銅桶]에 넣고, 수레에서 화약으로 화살을 발사하는 것이다. 화차는 화기가 맹렬하여 적을 쉽게 제어할 수 있다.

_ 태종 9년(1409, 기축) 10월 18일

7-8. 대장경을 탐버는 왜

『대장경』大藏經을 일본국에 보내고 『대반야경』大般若經은 일본인 중 규주圭籌에게 내려 주었다. 처음에 임금이 대언代言 등에게 말하였다.

"일본 국왕이 『대장경』을 구하는데 경판經板을 보내는 것은 어떠하냐?"

대언들이 아뢰었다.

"우리나라에 경판이 적지 않으니 준다 해도 해롭지 않습니다."

"경판 숫자를 조사해서 아뢰도록 하라. 일본에서 『대장경』을 청하는데 요구하는 대로 다 줄 수는 없다. 그러나 경판을 보낸다면 뒤에 다시 청해도 거절할 수 있을 것이다."

청성군淸城君 정탁鄭擢이 말하였다.

"일본 사신은 불법佛法을 구하기 위해 왕래하는데 경판을 보내면 앞으로 오지 않을까 두렵습니다."

임금이 말하였다.

"우리 땅을 침범하지 않는다면 반드시 사신이 왕래할 필요는 없다."

예조에서 경經 대신에 종鍾을 주자고 건의를 하니, 임금이 말하였다.

"사람이 불경을 찍는 것은 복을 구하려는 것이다. 일본의 풍속이 불법을 숭상한다. 이 경을 일본으로 가져가면, 그들의 불법을 우러르고 믿는 마음은 배가 될 것이다. 그리고 불경이 없더라도 복은 사라지지 않을 것이다. 종은 폐한 절에서 구하면 될 것이다."

그리고 임금이 광연루에서 규주 등 네 명의 중을 불러 말하였다.

"너희 왕이 교린交隣에 극진하여 너희들을 심한 더위에도 바다를 건너게 했다. 내가 이를 가상하게 여긴다. 돌아가서 너희왕에게 고하라."

규주 등이 머리를 조아려 경의를 표하자, 임금이 말하였다.

"무더위가 심하니 잠시 머물러 지내도록 하라."

규주가 말하였다.

"귀국을 번거롭게 하는 것은 아닌지 노승은 두렵습니다."

임금이 말하였다.

"이웃나라 사신이 오래 머문다 한들 무엇이 번거롭겠느냐?"

규주가 말하였다.

"우리 왕이 선왕의 뜻을 이어 『대장경』을 보고자 합니다. 신은 이를 하사받아서 우리 왕에게 바치기를 원합니다."

이어서 규주가 개인적으로 소장할 『대반야경』을 청하는 글을 올렸다.

임금이 말하였다.

"이 경은 우리나라에서도 구하기 힘들다. 널리 찾아보고 내려 주겠다."

그리고 예조에 명하여 여흥驪興 신륵사神勒寺에 소장하고 있던 『대장경』 전부를 일본 국왕에게 보내고, 영산寧山 임내任內 풍세현豊歲縣 광덕사廣德寺에 소장하고 있던 『대반야경』 전부를 규주에게 내려 주게 하였다.

규주 등이 『대반야경』을 받았는데도 만족하지 못하고 평도전平道全에게 불평하였다. 이를 평도전이 아뢰었다.

"임금께서 이미 여러 경을 내려 주셨는데 받드는 자가 감사의 마음을 갖지 않습니다."

임금이 말하였다.

"너는 우리나라에서 벼슬을 하고 있으니 군신의 예를 조금은 알 것이다. 내 말을 분명히 전하라. 일본 국왕이 예를 갖추어 사신을 보내기에 내가 그 청을 들어주어 여러 경을 갖추어 보내는 것이다. 그런데 사신으로 온 중이 예의를 알지 못하고 노한 기색을 드러내니, 네가 이를 상세히 말해 주도록 하라."

임금이 또 말하였다.

"지금 일본 국왕은 여러 섬을 다스릴 위엄이 없기 때문에 도둑을 막지 못한다. 그러므로 오는 사신을 대접할 뿐 우리나라 사신을 보낼 필요는 없다."

이때 궁궐 안에 있던 여러 신하들이 장사하는 왜인들이 일으키는 폐단과 왜인들이 함부로 칼을 뽑아 사람을 해치는 문제를 성토했다.

임금이 말하였다.

"나 또한 오래전부터 이를 근심하고 있었다. 지금 저 섬나라 오랑캐를 한 번에 섬멸할 수는 있다. 그러나 백성을 가볍게 동원할 수 없기에 억지로 참는 것이다."

_ 태종 14년(1414, 갑오) 7월 11일

대마도對馬島 종정무宗貞茂의 사신 34명, 소이전小二殿의 사신 31명, 일기주一岐州의 사신 20명, 일향주日向州의 사신 20명 총 105명이 울산에 머무르며 종鐘을 청하였다. 그런데 이들이 종을 늦게 준다고 화를 내며 칼을 뽑아 휘두르는 등 난폭한 행동을 하였다. 감사가 이를 갖추어 아뢰었다. 임금이 이들을 잡아 가두고자 의정부와 육조를 불러 의논하였다. 예조판서 황희가 계책을 올렸다.

"평도전을 보내 다른 종을 내려 주고 '조선에서 너희를 매우 후하게 대우하는데, 감사하지는 않고 도리어 작은 일로 원망하여 우리 백성을 해치고자 하였다. 이웃나라의 도리가 이런 것이냐? 너희들이 큰 종을 구한다면 나라에 청해야 한다. 그런데 어찌 이리 불손하고 무례한가?'라고 사신들을 꾸짖어 보내소서."

또 지온을 보내 대마도 종정무에게 '지금부터 일본 국왕과 대마도·대내전·소이전·구주 등 10곳의 사신 이외의 왜인은 보내지 말도록 하라'고 유시하소서."

임금이 그대로 따라 평도전을 울산에 보냈는데, 도착해 보니 왜선은 이미 떠나고 없었다.

_ 태종 14년(1414, 갑오) 8월 7일

7-9. 귀양 가는 코끼리

일본 국왕 원의지源義持가 사신을 보내 코끼리를 바쳤다. 코끼리는 우리나라에 없던 동물이다. 코끼리를 사복시에서 기르라고 명하였다. 코끼리는 매일 콩 4~5두약 70㎏씩을 먹었다.

_ 태종 11년(1411, 신묘) 2월 22일

일본 국왕이 바친 코끼리를 삼군부에서 기르도록 명했다. 전 공조전서工曹典書 이우李瑀가 기이한 짐승을 보러 와서 추하게 생겼다며 비웃고 침을 뱉자 코끼리가 노하여 밟아 죽였다.

_ 태종 12년(1412, 임진) 12월 10일

병조판서 유정현이 아뢰었다.

"일본에서 바친 코끼리는 주상께서 좋아하는 진기한 물건도 아니고, 나라에 이익이 되는 것도 없습니다. 사람을 둘이나 해쳤으니 법대로 한다면 죽이는 것이 마땅합니다. 또 일 년에 수백 석의 콩을 먹고 있습니다. 청컨대, 주공周公이 병사를 파견하여 코뿔소와 코끼리를 부리는 상족象族을 몰아낸 고사를 본받아 코끼리를 전라도의 섬에 두소서."

임금이 웃으며 따랐다.

_ 태종 13년(1413, 계사) 11월 5일

전라도 관찰사가 보고하였다.

"코끼리를 순천부順天府 장도獐島: 현재 전남 보성군 벌교읍에 속한 섬에 풀어 놓았는데, 물과 풀을 먹지 않아 날로 여위고 사람을 보면 눈물을 흘립니다."

임금이 듣고서 불쌍히 여겨 육지로 내보내서 전처럼 기르게 하였다.

_ 태종 14년(1414, 갑오) 5월 3일

7-10. 조선을 찾은 이방인들

자바국 사신 진언상

남번南蕃의 조와국爪哇國: 자바(Java) 사신 진언상陳彦祥이 전라도 군산 근처에서 왜구에게 약탈당했다. 배에 실었던 타조·공작·앵무·잉꼬와 침향·용뇌·호초·소목·향 등 여러 약재와 직물 모두를 빼앗겼고, 배에 타고 있던 자 중에 60명이 왜구에게 끌려갔으며, 21명이 죽었다. 가까스로 살아남아 해안으로 올라온 자가 남녀 합해 40명이었다.

진언상은 지난 갑술년태조 3년, 1394년에 예물을 가지고 사신으로 우리나라에 왔었다. 우리나라에서 조봉대부朝奉大夫 서운부정書雲副正을 제수받았다.

_ 태종 6년(1406, 병술) 8월 11일

남번의 조와국 사신 진언상이 사람을 보내 토산물과 글을 바쳤다. 글의 내용은 이러하다.

진언상이 머리를 조아려 절하며 의정부의 대신께 말씀드립니다. 제가 몇 년 전 왜구에게 약탈당했을 때 감사하게도 조선 국왕의 은혜를 입었습니다. 의복과 양식을 주시고, 또 군선軍船을 주셨으니 신하로써 충성을 맹세하지 않을 수 없습니다.

내려 주신 배를 타고 본국으로 돌아가다 일본 해안을 지나면서 풍랑에 표류하게 되었습니다. 해안가 근처에서 배는 침몰하고 목숨만 겨우 건졌는데, 왜구에게 의복마저 빼앗겨 추위를 견딜 수 없는 지경에 처했습니다. 다행히 일본 국왕이 저를 사신으로 임명하고 예물을 갖추어 우리나라로 보내 주었습니다. 우리 국왕이 이를 사례하고자 저를 사신으로 일본에 보냈는데 풍랑을 만나 우리나라로 돌아왔습니다.

다시 출항하여 올 7월에서야 일본 박다 지방에 도착했고, 내년 2월이 되면 일본의 수도에 들어갈 것 같습니다. 전에 제가 조선에서 입은 후한 은혜를 생각하면, 직접 찾아뵙고 인사드리는 것이 마땅합니다. 그런데 우리나라에서 이를 준비하지 못해 조선 국왕께 인사를 올리지 못하고 있습니다. 대신 손자 실숭實崇을 시켜 토산물을 보내며 감사를 표합니다. 대신께서 이런 저의 사정을 아뢰어 주실 것으로 믿으며 머리 숙여 절합니다. 밝게 살펴주시기를 엎드려 빕니다.

_ 태종 12년(1412, 임진) 4월 21일

귀화한 이슬람 승려 도로

일본 단주丹州의 사신이 대궐에 나와 하직하였다. 그와 함께 왔던 회회回回: 이슬람 승려 도로都老가 처자와 함께 머물러 살기를 청하였다. 임금이 집을 주라고 명하였다.

_ 태종 7년(1407, 정해) 1월 17일

경상도 도관찰사 안등安騰이 이슬람인 승려 도로가 캔 수정 3백 근을 바쳤다.

_ 태종 12년(1412, 임진) 3월 29일

八

태
종
대
의

소
소
한

이
야
기

8-1. 제석비 간통 사건

제석비帝釋婢는 고故 대언代言 윤수尹須의 아내이자 명문가 조하趙
何의 딸이다. 처음에 제석비가 불경을 읽어 액막이를 하려고 장
님인 중 신전信全을 집으로 불렀다. 신전이 오자 제석비가 껍질
벗긴 밤을 주면서 말하였다.

"밤 맛이 어떻습니까?"

"아주 답니다."

제석비가 희롱하여 말하였다.

"밤 맛보다 더 좋은 것이 있습니다."

하고는 신전과 정을 통한 지 여러 해였다. 몰래 자식을 낳았
는데 이를 알고 있는 어린 계집종을 죽여 입을 막았다.

이때에 일이 발각되어 사헌부에서 심문하고 아뢰었다. 임금
이 순성蓴城: 충남 태안에 머물 때였다. 이들의 죄를 여러 대언과 장
수와 재상들에게 의논하게 하였다. 여러 사람들이 말하였다.

"신전이 벼슬살이 한 집안의 부녀자와 간통한 것은 일반 백성이 간통한 것과는 다릅니다. 극형에 처하여 풍속을 바로잡으소서."

이숙번이 말하였다.

"간통은 곤장 80대에 처한다는 법이 있기에 목을 베라는 명은 불가합니다."

임금이 환궁하자 육조와 대간에서 아뢰었다.

"중 신전과 제석비를 극형으로 다스리기를 청합니다."

임금이 그대로 따르고 하교하였다.

"옛사람이 '해서는 안 될 일을 했다면 더한 형벌을 받아야 한다'라고 한 것은 바로 이를 말하는 것이다. 비록 율보다 강한 형벌이어도 해로울 것이 없다."

_ 태종 16년(1416, 병신) 2월 25일

전 사재소감司宰少監 홍중강洪仲康의 목을 베었다. 홍중강은 이종사촌간인 제석비와 간통하였다. 제조와 대간에서 중 신전信全과 동일한 죄로 다스릴 것을 청하자 의정부에 내려 의논한 다음 목을 베었다.

중 신전信田은 장杖 1백 대를 치고, 형조의 장수杖首:죄인에게 태형을 가하는 관속로 보냈다. 신전信田은 제석비와 간통한 장님 중 신전

信全의 사촌동생이다. 신전信田 또한 권선勸善을 핑계로 제석비의

집에 출입하면서 간통하였다.

_ 태종 16년(1416, 병신) 2월 26일

8-2. 상례를 정하다

3년상 동안에는 과거 응시를 금하라

성균정록소成均正錄所: 성균관 직원(直員)이 시정(時政)을 뽑아 적어서 보관하던 곳에서 상소하였다.

"신 등이 듣자 하니, 3년상喪은 천자부터 일반 백성까지 천하에 통용되는 상례입니다. 태상왕태조께서는 도리를 세우고 법을 베풀어 상제喪制를 거듭 밝히셨습니다. 이에 고려에서 3년상을 치르되 집에서 100일 동안만 상복을 입었던 제도를 고쳐 풍속을 교화하는 뜻을 세우셨습니다. 그런데 지금 3년상 안에 과거 보는 것을 허락하셨습니다. 신 등은 생각건대, 부모에게 효도하는 자가 임금에게 충성할 수 있는 것입니다. 자식의 도리를 지키지 못하는데 어찌 신하의 도리를 다할 수 있겠습니까? 또 예는 부득이한 경우에만 바꾸는 것입니다. 부득이한 것이 아닌데 선왕의 제도를 바꾸는 것은 불가합니다."

이에 3년상 동안에는 과거를 못 보게 하라는 명이 내렸다.

_ 태종 1년(1401, 신사) 3월 12일

외가의 상사에 주던 휴가 일수를 줄이다

예조에서 외가의 상사喪事에 주는 휴가 규정을 올렸다. 내용은
이러하다.

> 고려의 오랜 풍속이 혼인을 하면 남자가 여자 집으로 장가
> 들고, 아들과 손자를 낳으면 외가에서 자라게 했습니다. 이
> 때문에 외가의 은혜가 커서 외조부모와 처부모의 상을 당하
> 면 모두 30일의 휴가를 주었습니다. 그런데 우리 왕조에서
> 아직까지 옛 풍속을 그대로 따르고 있는 것은 문제입니다.
> 이제부터는 외조부모의 상에는 20일, 처부모의 상에는 15일
> 을 주도록 하소서.

임금이 그대로 따랐다.

_ 태종 15년(1415, 을미) 1월 15일

8-3. 부녀자 외출법

예조에서 상소하여 부녀자가 외출할 때에 지켜야 할 법도를 규정하였다. 내용은 이러하다.

> 예禮를 상고하면, 부인은 중문을 나오면 반드시 얼굴을 가리고, 길을 나설 때는 가마를 타야 합니다. 이는 불미스러운 일을 미리 막고자 하는 것입니다.
>
> 우리나라 풍속에 부녀자가 나들이 할 때는 평교자平轎子를 탑니다. 그런데 종들이 사방에서 가마를 들 때, 가리는 막이 없어서 종들과 옷깃이 닿고 어깨를 스치게 됩니다. 이에 흉허물 없이 가까이 지내게 되니, 학식 있는 자들은 이를 부끄럽게 여깁니다.
>
> 그런데 이를 지금까지 고치지 못하고 있으니, 어찌 법에 결함이 없다 하겠습니까? 이제부터 3품의 정실부인은 지붕이

있는 가마를 타게 하고, 나머지는 말을 타게 하여, 평교자를
타지 못하게 하소서. 이는 모두 예절에 어긋난 것입니다. 신
등이 예법을 담당하고 있어 말씀드리지 않을 수 없습니다.
바라건대 전하께서 밝게 살피시어 시행하시고, 어기는 자는
사헌부에서 조사하여 다스리게 하소서.

_ 태종 4년(1404, 갑신) 5월 25일

8-4. 일상에서 행해진 온갖 기도들

나라에서 행하는 무당굿

나라에서 귀신에게 지내는 제사[淫祀]를 줄였다. 임금이 말하였다.

"무당들이 귀신에게 지내는 제사가 번잡하다. 지금부터 명나라 예법에 따라 봄가을에만 행하라."

_ 태종 1년(1401, 신사) 4월 13일

승려들의 경행

호조에서 아뢰었다.

"민가가 모여 있는 곳에서는 매년 2월과 8월에 경행經行을 합니다. 질병과 재앙을 물리치기 위함이라며 부처를 모시고, 수백 명의 중들이 불경을 외우고 북을 치면서, 도성 안의 큰 거리를 돌고 있습니다. 이것은 옛 성현의 제도와 맞지 않습니다. 청컨대 이를 중지하게 하고 국행國行: 임금이 국민을 위하여 지내는 일곱 가지 제사 중의 하나을 설치하소서."

임금이 그대로 따랐다.

_ 태종 6년(1406, 병술) 4월 27일

아픈 중궁을 위해 약사정근을 하라

병이 위독한 중전을 위해 약사정근藥師精勤을 베풀었다. 21명의 경사는 중궁전에서, 1백 명의 중은 경회루에서 불경을 읽으며 기도를 드렸다. 임금이 대언에게 말하였다.

"내가 본래 불씨佛氏의 허망함을 알고 있지만 중전이 믿기에 이 기도를 하는 것이다."

승려들에게 말하였다.

"이 위급한 때에 신기한 효험을 보면 내가 너희의 법을 우러르고 믿겠지만 만약에 응답이 없다면 모두 폐하겠다."

세자에게 명하여 향을 피우게 하고, 임금이 나오셔서 향불로 팔을 태우니 세자와 여러 왕자들도 모두 향불로 팔을 태웠다. 중들 가운데 이마와 손가락을 태우는 자도 있어서 재물을 차등 있게 내려 주었다. 중전의 병이 조금 나아지자 임금이 기뻐하며 회암사에 전지 1백 결과 미두 2백 석을 내려 주었다.

_ 태종 13년(1413, 계사) 5월 6일

임금의 풍질로 북두칠성에 제사하다

임금이 4일 동안 몸이 아파 참찬의정부사 유정현이 소격전昭格殿

: 조선시대 도교의 일월성신(日月星辰)에 제사를 지내는 곳에서 북두칠성에 제

사를 행하였다. 찬성사 유양, 병조판서 이숙번, 좌대언 이관 등

이 약이 되는 음식을 임금께 올렸다. 좌정승 하윤이 축원문을 지

어서 유정현에게 초제를 행하여 기도하게 하였다.

이튿날 임금이 대언에게 말하였다.

"내가 본래 풍질이 있는데 요즘에 다시 발작하여 통증이 심했

다. 다행히 지난밤부터 조금 차도가 있으니 경들은 근심하지 말

라. 고할 일이 있으면 즉시 고하고 지체하지 말라."

_ 태종 13년(1413, 계사) 8월 11일

위독한 성녕대군을 위한 기도

형조에서 맹인과 무녀의 죄를 청하며 아뢰었다.

"점치는 맹인들이騫壽 점을 정밀하게 치지 못해 홍역에 걸린 성녕대군誠寧大君: 태종과 원경왕후 사이의 넷째아들이 돌아가시지 않고 살 수 있다고 아뢰었습니다. 또 국무國巫: 나라의 무당 가이는 대군이 이번 재앙을 물리치기를 빌었으나 끝내 대군께서 화를 피하지 못했습니다. 또 무녀 보문은 대군의 병세는 살피지 않고 궁궐에서 잡신에게 제사하여 이렇게 불측한 일이 생기게 하였습니다. 이들의 잘못으로 성녕대군께서 열네 살의 나이로 돌아가셨습니다. 청컨대, 이들 모두를 법에 따라 처벌하소서."

맹인 점쟁이와 국무 가이는 제외하고 보문은 법에 따라 죄를 주라고 명하였다.

_ 태종 18년(1418, 무술) 2월 11일

금지령도 막지 못한 백성의 기도

임금이 예조에 명하였다

"나라에서는 4년 전태종 14년 8월 21일부터 악嶽: 큰 산 · 해海: 바다 · 독瀆: 강은 중사中祀로 삼고, 여러 산천은 소사小祀로 삼아 제사를 지내고 있다.

그런데 백성들이 송악산개성과 감악산파주에서 사사로이 제사 지내는 것 또한 오래된 풍속이라 이를 갑자기 금하는 것은 어려울 것이다. 무지한 백성들이 유행하는 돌림병에 걸리기라도 하면 반드시 송악산과 감악산에서 행했던 제사를 금지했기 때문이라고 할 것이다. 우선 금하지 말고 점차 풍속이 바뀌기를 기다리도록 하라."

이에 송악산과 감악산에서 백성들이 행하는 제사를 금하지 말라는 명이 내렸다.

_ 태종 18년(1418, 무술) 1월 24일

8-5. 효험 있는 기우제를 찾아서 행하라

도마뱀에게 비를 빌다

궁중에서 용과 비슷하게 생긴 도마뱀을 항아리에 넣고 비를 기원하는 '석척기우蜥蝪祈雨제'를 행하였다. 순금사대호군巡禁司大護軍 김겸金謙이 말하였다.

"전에 보주甫州의 수령으로 있을 때, 소동파蘇東坡의 시구인 '항아리 속 도마뱀이 참으로 우습구나'를 보니, 도마뱀으로 비를 내리게 하는 방법이 있었습니다. 그대로 따라 시험해 보니 비가 내렸습니다."

임금이 이 말을 듣고, 바로 김겸을 불러 광연루 아래에서 시험할 것을 명하였다. 그 방법은 이러하다. 뜰에 물을 가득 담은 두 개의 항아리를 놓고, 항아리 속에 도마뱀을 넣는다. 자리를 펼치고 향불을 피워 놓고, 푸른 옷을 입은 20명의 동자童子들이

버들가지를 가지고 이렇게 말하며 비를 빈다.

"도마뱀아, 도마뱀아, 구름을 일으키고 안개를 토해 내어 주룩주룩 비를 오게 하면 너를 놓아 주겠다."

이틀이나 빌었지만 비는 내리지 않았다. 동자들에게 각각 쌀 1석씩을 주어 보냈다.

_ 태종 7년(1407, 정해) 6월 21일

용 그림에 비를 빌다

다음날 종묘·사직·백악·목멱·한강·북교에서 비를 비는 제사를 지내기 위해 대신大臣 성산군 이직 등을 보내라고 명하였다. 또 검교참의檢校參議 최덕의崔德義를 양진楊津에 보내 용을 그려 놓고 비를 비는 화룡제畵龍祭를 베풀게 하였다.

_ 태종 11년(1411, 신묘) 5월 21일

오방신과 곡식의 신에게 비를 빌다

대신을 우사단雩祀壇: 가뭄이 계속될 때 하늘에 비를 빌어 풍년이 들도록 기원하던 제단에 보내 비를 빌었다. 처음으로 구망句芒: 동방 목기의 신·축융祝融: 남방 화기의 신·욕수蓐收: 서방 금기의 신·현명玄冥: 북방 수기의 신·

후토后土: 중앙 토기의 신 · **후직**后稷: 곡식의 신 신에게 제사 지내며 비를

빌었다. 또 무당을 모아 한강에서 비를 빌었다.

_ 태종 14년(1414, 갑오) 5월 27일

호랑이 머리를 물에 담가 비를 빌다

좌의정 박은을 보내 원단圜壇에 제사지냈다. 원단은 하늘에 제사

지내는 곳인데, 가뭄이 들면 이곳에서 기우제를 행한다. 승려들

을 흥복사·연복사에 모으고, 점치는 맹인을 명통사에 모아 비를

빌게 하였다. 또 호랑이 머리를 용이 산다는 박연朴淵: 개성 박연폭포

위에 있는 연못에 담갔다.*

_ 태종 18년(1418, 무술) 7월 1일

* 호랑이 머리를 물에 넣고 비를 관장하는 용을 깨워 싸우게 해서 비가 오게 하려는 것
이다.

8-6. 임금을 더 아프게 만든 주치의들

임금의 약을 잘못 조제하다

사헌부에서 상소하여 좌부대언 맹사성과 판전의감사判典醫監事 이주李舟 그리고 귀화한 왜인 의원 평원해平原海에게 죄주기를 청하였다.

임금이 이주와 평원해 등이 조제한 상표초원桑螵蛸元: 뽕나무에 붙은 당랑의 알둥지로 만든 약을 먹고 구토하고 정신이 혼미하였다. 당직 상호군 권희달權希達 등에게 먹어 보게 했는데 상태가 같았다. 이 일로 사헌부에서 이주와 평원해, 약방대언藥房代言: 내의원에서 궁중의 탕약을 조제할 때 이를 감시 감독하던 대언 맹사성을 탄핵하였다. 상소의 내용은 이러하다.

임금이 병으로 약을 먹어야 할 때에는 신하가 먼저 맛보고,

아비가 병으로 약을 먹어야 할 때에는 아들이 먼저 맛보아야 합니다. 이는 임금과 아비를 중히 여기기에 약을 조심해서 쓰려는 뜻입니다. 그런데 이주와 평원해가 임금의 약을 조제하면서 약의 성질을 알맞게 바꾸는 절차를 하지 않아 임금의 몸을 더 병들게 했으니 불경하고 불충한 죄가 큽니다. 맹사성은 감독하는 명을 받았는데도 자세히 살피지 않았고, 먼저 맛보아야 하는 도리를 잃었으니 징계하지 않을 수 없습니다.

임금이 장령 이명덕을 불러 말하였다.
"임금이 약을 먹을 때 신하가 먼저 맛보는 것이 예이다. 그러나 내가 신하에게 먼저 맛보게 하지 않았으니 나의 잘못이지 신하의 죄가 아니다. 그리고 어찌 이주 등에게 나를 병들게 할 마음이 있었겠느냐? 다시는 논하지 말라."

_ 태종 6년(1406, 병술) 1월 5일

임금의 몸에 침과 뜸을 잘못 놓다

의원 양홍적楊弘迪과 장지張祉를 순금사巡禁司에 가두라고 명하였다. 두 사람이 임금의 몸에 침을 놓고 뜸을 뜨는데 혈자리가 맞지 않았다. 그로 인해 임금의 몸이 며칠 동안 편치 못했다. 이에 사헌부에서 상언하였다.

"약 쓰는 것과 침과 뜸을 쓰는 것은 지극히 중요합니다. 그런데 양홍적과 장지가 임금의 몸에 침을 놓고 뜸을 뜰 때 조심하고 삼가지 않아 착오가 있었습니다. 이 모두가 크게 불경한 것입니다. 청컨대, 직첩을 회수하고 국문하여 법에 따라 처벌하시어 불경함을 징계하소서."

그러나 상소가 올라오자 궁중에 머물러 두게 하였다.

_ 태종 8년(1408, 무자) 1월 18일

8-7. 풍정, 신하가 임금에게 잔치를 베풀다

좌대언 이승상李升商이 청화정淸和亭에서 풍정豊呈을 베풀었다. 우리나라 풍속에 과거시험의 감독관인 공거貢擧를 학사學士라 부르고, 학사가 임금과 대신들에게 베푸는 잔치를 풍정이라 부른다. 학사가 풍정을 베푸는 것은 옛날부터 내려오는 풍속이다. 술이 거나하게 취한 임금이 자리를 같이 한 종친과 부마에게 춤을 추게 하자 시독 김과가 임금에게 대전으로 드시기를 청하였다. 그러자 이승상과 여러 재상들이 김과에게 눈총을 주며 말하였다.

"임금과 신하는 공경을 중히 여기기에 함께 즐기는 것이 쉽지 않다. 어찌 지금 주상께 대전으로 들기를 청해서 술 한 잔 올릴 수 없게 하는가?"

김과가 갓을 벗고 사과하다 너무 취해서 그만 쓰러졌다.

_ 태종 2년(1402, 임오) 2월 18일

8-8. 송충이잡이 총동원령

송충이를 잡으라는 명이 내려졌다. 승추부承樞府·순위부巡衛府·
유후사留後司·오부五部와 군기감의 장인匠人 및 백관이 등급에 따
라 사람을 준비시키니 모두 만여 명이었다. 이들을 총제·상호
군·대호군이 나누어 맡아 송충이를 잡게 하였다. 한 사람이 석
되 정도를 잡아 땅에 묻었다.

　이때 송충이가 산에 가득하자 임금이 근심하여 좌우의 신하
들에게 말하였다.

　"송충이는 어느 시대부터 있었느냐?"

　좌부대언 김한로가 대답하였다.

　"고려의 원종元宗 때에 3백 명이 송충이를 잡아 강물에 던졌습
니다."

　임금이 박석명에게 말하였다.

　"송충이의 재난은 자연현상이지만 사람의 힘으로 이겨 낼 수

있는 것이다. 경들은 어찌 이를 생각하지 않느냐? 벌레가 잎을 먹으면 소나무가 시들어 버리지 않겠느냐."

며칠 뒤에 임금이 조영무에게 물었다.

"송충이 잡는 일은 어찌 되었느냐?"

조영무가 말하였다.

"거의 다 잡았는데, 송악산의 여러 골짜기에 아직 남아 있습니다."

임금이 말하였다.

"벌레 잡는 것은 승추부의 책임이다. 내가 명하지 않았다면 어찌 될 뻔 했느냐?"

조영무가 말하였다.

"신이 지모가 부족하여 사람을 동원할 것을 미처 생각하지 못했습니다."

임금이 말하였다.

"지모는 일이 생기기 전에 앞서 헤아려서 꾀하는 것이다. 소나무에 해를 끼치는 벌레를 잡는 것이 지모의 문제이겠느냐?"

제릉齊陵: 태조의 비 신의왕후의 능의 소나무에 있던 벌레의 크기가 팔뚝만 하고 길이는 1 자약 30㎝나 되었다.

_ 태종 3년(1403, 계미) 4월 21일

8-9. 옥에 갇힌 혜정교 아이들

혜정교惠正橋: 종로 부근 근처에서 곽금郭金·막금莫金·막승莫升·덕중
德中 등의 아이들이 공놀이[打毬]를 하였다. 아이들이 공을 주상·
효령군·충녕군·수행원이라 부르며 치고 놀았다. 공 하나가 굴
러서 다리 밑의 물로 들어가자 한 아이가 외쳤다.

"효령군이 물에 빠졌다."

효령군의 유모가 이 말을 듣고 아이들을 잡아서 효령군의 장
인인 대사헌 정역에게 고하자, 정역이 형조에 고해 아이들을 옥
에 가두었다. 조사를 하자 아이들이 말하였다.

"곽금이 시작했고 장난한 지는 3일 되었습니다."

임금이 궐 밖으로 거둥해서 바로 아뢰지 못하고 있었는데 환
궁하자 형조에서 요언율妖言律: 민심을 어지럽히는 요사스러운 말에 해당
한다고 아뢰었다. 임금이 말하였다.

"아이들이 열 살에 불과하니 요언을 조작한다는 것은 불가하

다. 또한 이것을 참요라고도 할 수 없다. 예전부터 참요의 사건
은 이런 것이 아니다. 그리고 이것이 참요라 하더라도 무죄이다.
대언사代言司: 도승지는 형조와 함께 올린 글을 불태우라. 그리고
다시는 이 일을 말하지 말라."

_ 태종 13년(1413, 계사) 2월 30일

8-10. 궁궐 구경하다 곤장 맞을 뻔한 손귀생

시골 사람인 손귀생孫貴生 등이 궁궐을 구경하려고 창덕궁에 몰래 들어왔다가 광연루 연못 근처에서 붙잡혔다. 순금사에서 법에 의하여 곤장 80대를 쳐야 한다고 아뢰자, 임금이 말하였다.

"이들은 무지한 시골 사람들이다. 그냥 풀어 주는 것이 옳다. 전에 조서趙敍가 대언代言으로 있을 때, 시골에 사는 선비 한 사람을 데리고 궁에 들어와 숙직하고 아침에 내보냈다. 그런데 그 사람이 길을 잃어서 침전의 뜰 안까지 들어왔었다. 궁인들이 놀라서 꾸짖자 그 선비가 대답하기를 '나가려고 한 것뿐입니다'라고 하였다. 그때 내가 말하기를, '이는 무지한 자일뿐이다. 신료들이 알면 반드시 법에 따라 처결하도록 청할 것이니, 빨리 놓아주어 돌아가게 하라. 그리고 이 일이 드러나지 않도록 하라'고 하였다. 오늘 손귀생의 일도 이와 똑같은 일이다."

_ 태종 9년(1409, 기축) 4월 18일

참고자료 | 조선왕조실록 속 관직명

간관諫官 : 사간원(司諫院)과 사헌부(司憲府)에 속하여 임금의 잘못을 간(諫)하고 백관(百官)의 비행을 규탄하던 벼슬아치.

감역관監役官 : 조선시대 선공감(繕工監)에 두었던 종9품 관직으로, 궁궐과 관청의 건축 및 수리 공사를 감독하였다.

경력經歷 : 종4품 관직으로 조선 초기에는 충훈부(忠勳府)·의빈부(儀賓府)·의금부(義禁府)·개성부(開城府)·강화부(江華府)·오위도총부(五衛都摠府)·중추부(中樞府) 등에서 행정실무를 맡아 보았는데, 후기에는 충훈부·의빈부·의금부의 경력은 폐지되고, 오위도총부에는 4명을 증원하고, 강화부와 광주부는 잠시 두었다가 판관으로 바꾸었다.

관찰사觀察使 : 조선시대 문관의 종2품 외관직(外官職)으로 감사(監司)라고도 한다. 지방의 도(道) 또는 부(府)의 장관으로, 병마절도사(兵馬節度使)·수군절도사(水軍節度使)의 무관직을 거의 겸하고 있었다. 조선 초기에는 안렴사, 관찰사 등의 이름으로 자주 바뀌었다가 세조 때부터 관찰사로 명칭이 굳어졌다. 중앙의 명령을 따라 정사를 시행하였지만, 자기 관하의 수령(守令)을 지휘 감독하며 사실상 경찰·사법·징세권을 행사함으로써 지방행정상 절대적 권력을 가졌다. 관찰사의 관아를 감영(監營)이라고 하며, 일반 민정은 감영에 속한 이(吏)·호(戶)·예(禮)·병(兵)·형(刑)·공(工)의 육방(六房)에서 행하고, 이를 지방민에서 선출된 향리로 담당하게 하였다.

교리校理 : 집현전(集賢殿)·홍문관(弘文館: 궁중의 경서와 사적의 관리, 문한의 처리 및 왕의 자문에 응하는 일을 맡아 보던 관청)·승문원(承文院: 외교문서를 담당한 관청)·교서관(校書館: 경적經籍의 인쇄, 반포 및 제사에 쓰이는 향과 축문에 관한 일 등을 관장) 등에 속하여 문필에 관한 일을 맡아 보던 관직으로, 정5품 또는 종5품이었다.

대광보국숭록대부大匡輔國崇祿大夫 : 정1품 문무관(文武官)에게 주던 최고 품계. 정1품의 상계(上階)로서 보국숭록대부(輔國崇祿大夫)보다 상위 자리이다. 1392년(태조 1) 7월 관제를 새로 정할 때 만들어졌으며, 그 처(妻)에게는 정경부인(貞敬夫人)의 작호가 주어졌다.

대사간大司諫 : 사간원의 으뜸 벼슬로 정3품이다. 임금에게 간언하는 일을 맡아 보면서, 다른 사람의 상소를 임금에게 올리는 일도 맡았으므로 학식과 경험이 풍부한 사람이 임명되었다. 아래로 사간(司諫: 종3품), 헌납(獻納: 정5품) 각 1인, 정언(正言: 정6품) 2인을 두었다.

대사헌大司憲 : 사헌부의 으뜸 벼슬로 종2품이며, 정원은 1인이다. 현실 정무(政務)를 논평하고, 모든 관료를 규찰하며 풍속을 바로잡고, 외람되고 거짓된 것을 금하는 등의 일을 관장했다. 아래로 집의(執義) 1인, 장령(掌令)과 지평(持平) 각 2인, 감찰(監察) 13인을 감독하고 통솔하였다. 대사헌 이하 집의·장령·지평까지의 사헌부 소속 관원을 통칭 대관(臺官)이라고 하였는데, 모든 대관은 사헌부의 청환직(淸宦職)으로, 문과 급제자 중 청렴 강직하여 시류에 영합하지 않고, 옳다고 믿는 바를 굽히지 않고 직언할 수 있는 인물이어야 하므로, 승문원(承文院)·성균관(成均館)·홍문관(弘文館) 등을 거친 젊고 기개가 있는 인재들이 임명되었다.

도승지都承旨 : 승정원(承政院)의 으뜸 벼슬. 왕명을 전달하거나 신하들이 왕에
　게 올리는 글을 상달하는 일을 맡아 보았다.

봉교奉敎 : 예문관(藝文館)에 두었던 정7품 관직. 봉교 이하 검열(檢閱)까지를
　통칭하여 한림(翰林)이라 하였다.

빈객賓客 : 조선시대에 세자의 교육을 담당하던 세자시강원 소속의 정2품 관직.
　정원은 2인으로, 좌빈객과 우빈객 각 1인이 있었으며, 겸관(兼官)이었다.

사직司直 : 조선시대 오위(五衛)에 두었던 정5품 서반 무관직. 봉급을 지급하기
　위하여 임명한 관직으로 실무는 없었다.

승지承旨 : 승정원의 정3품 관직. 도승지(都承旨)·좌승지(左承旨)·우승지(右承
　旨)·좌부승지(左副承旨)·우부승지(右副承旨)·동부승지(同副承旨) 등 여섯
　승지를 말하며, 왕명의 출납을 담당하였다. 태종 원년(1401)에 대언(代言)
　으로 명칭을 바꿨다가 후에 다시 승지로 고쳤다.

시독관侍讀官 : 조선시대 경연청(經筵廳)에 두었던 정5품 관직으로 임금에게 경
　서(經書)를 강의하였다. 홍문관(弘文館)의 교리(校理)와 부교리(副校理)가
　겸직하였다.

영사領事 : 조선시대 삼사(三司), 돈령부(敦寧府: 조선시대 종친부에 속하지 않은 종
　친과 외척을 위해 설치되었던 관서), 경연(經筵), 집현전 (集賢殿), 홍문관(弘文
　館), 예문관(藝文館), 춘추관(春秋館), 중추부(中樞府) 등의 으뜸 벼슬.

영춘추관사領春秋館事 : 고려·조선시대 춘추관에 두었던 정1품 관직으로, 영관
　사(領館事) 또는 영사(領事)라고도 함. 영의정이 겸임하였다.

원상院相 : 조선시대 국왕이 병이 났거나 어린 왕이 즉위하는 등 정상적인 국정
　(國政) 수행이 어려울 때 승정원에 나와 왕을 보좌하고 육조를 통할했던 임
　시 관직으로 원임(原任)·시임(時任)의 재상들로 구성되었다.

응교應敎 : 홍문관과 예문관의 정4품 관직. 학문 연구와 임금이 훈유하는 명령
　글을 짓는 일이 주된 직무였고, 경연관(經筵官)의 일원이 되기도 하였다.

장령掌令 : 사헌부의 정4품 관직. 장령을 포함한 대간은 사헌부의 기간요원이기 때문에 그 직무가 막중하였으므로 소신을 굽히지 않고 직언할 수 있는 강직한 젊은 엘리트들이 임명되었다.

전랑銓郎 : 조선시대 문무관의 인사행정을 담당하던 이조와 병조의 정5품관인 정랑과 정6품관인 좌랑직의 통칭. 특히 여론 기관인 삼사의 관리를 임명하고 자신의 후임을 추천할 수 있었던 이조전랑이 중시되었다.

정언正言 : 사간원의 정6품 관직. 간관으로서 국왕에 대한 간쟁(諫諍)과 봉박(封駁: 임금에게 글을 올려 일의 옳지 아니함을 논박함)을 담당했다. 그러나 실제 임무는 훨씬 폭이 넓어서, 사간원의 다른 관료 및 사헌부·홍문관의 관료와 함께 간쟁·탄핵·인사 등에 대한 언론과 경연(經筵)·서연(書筵)의 참여 및 인사 문제와 법률 제정에 대한 서경권(署經權), 국문(鞫問) 및 결송(決訟) 등에 참여하였다.

좌대언左代言 : 조선 초기 승추부(承樞府)와 승정원(承政院)의 정3품 관직. 왕명의 출납을 맡아 보았다.(→승지 참조)

좌랑佐郎 : 조선시대 육조(六曹)의 정6품 관직으로 정랑(正郎) 다음 직급이었으며, 중견행정 실무자들이었다.

주서注書 : 승정원의 정7품 관직으로, 특히 『승정원일기』의 기록을 담당하였다.

지사知事 : 돈령부(敦寧府: 조선시대 종친부에 속하지 않은 종친과 외척을 위해 설치되었던 관서)·의금부(義禁府)·경연(經筵)·성균관(成均館)·춘추관(春秋館)·중추부(中樞府)·훈련원(訓鍊院)의 종2품 벼슬로, 모두 겸직이었다.

지사간원사知司諫院事: 사간원에 소속된 종3품 관직. 태종 원년(1401)에 문하부 낭사(門下府郎舍)가 사간원으로 독립되면서 직문하(直門下)가 지사간원사로 명칭이 바뀌었다가 세조 12년(1466)에 사간(司諫)으로 개칭하면서 폐지되었다. 법제적으로는 사간원 본래의 업무인 간쟁과 봉박(封駁), 서경(署經) 등의 일을 맡아 보도록 되어 있었으나 실제로는 사헌부와 집현전의 관원들과 함께 언관(言官)으로서 필요에 따라 광범위한 임무를 수행했다.

지신사知申事 : 조선시대 왕명의 출납을 담당하던 승추부(承樞府)와 승정원의
  최고위 관직인 도승지(都承旨)의 별칭이다. 정2품으로 왕명의 출납(出納)
  을 맡았다.

지중추원사知中樞院事 : 조선 초기 궁궐을 수비하며 군사 기밀을 전달하는 등 군
  사 관계를 맡았던 중추원의 종2품 관직.

지춘추관사知春秋館事 : 조선시대 춘추관의 차관급 관직으로, 좌의정과 우의정
  이 겸임하였다.

지평持平 : 조선시대 사헌부의 정5품 관직. 백관의 비위 사실에 대한 탄핵권과
  인사 및 법률 개편의 동의 혹은 거부에 관한 서경권(署經權)을 가지고 있었
  다. 때문에 지평은 이조전랑(吏曹銓郎)과 함께 대표적인 청요직(淸要職: 청
  빈함이 요구되는 직책)으로 인식되었다.

집의執義 : 사헌부의 종3품 관직. 대사헌(大司憲) 이하 장령(掌令)과 지평(持平)
  까지의 다른 사헌부 관원과 함께 통칭 대관(臺官)이라 불렸다.

찬성사贊成事 : 고려 후기 첨의부(僉議府)의 정2품 관직으로, 조선 건국 직후인
  1392년에는 문하부의 종1품 관직으로 시랑찬성사와 찬성사가 1인씩 두어
  졌는데, 이후 1414년(태종 14년)에 동판의정부사(同判議政府事)로 개칭되
  고 같은 해에 다시 좌참찬·우참찬으로 바뀌었다가 다음해에 좌참찬은 찬
  성으로, 우참찬은 참찬으로 개편되었다.

참의參議 : 조선시대 육조에 소속된 정3품 당상관(堂上官)으로 정원은 각 1인씩
  총 6명이다. 참판(參判) 다음 직책으로 이조참의(吏曹參議), 호조참의(戶曹
  參議), 예조참의(禮曹參議), 병조참의(兵曹參議), 형조참의(刑曹參議), 공조
  참의(工曹參議)가 있었다. 1405년(태종 5)에 각 조에 좌·우참의 2인씩 총
  12인으로 증원하였다. 그러나 1434년(세종 16)에 무신들을 배려하여 첨지
  중추부사(僉知中樞府事) 4인을 증치하는 대신 좌·우참의를 참의로 바꾸
  고, 정원은 1인으로 감원하였다. 각 조의 참판과 함께 판서를 보좌하면서도
  판서와 대등한 발언권을 지니고 있었다.

판교判校 : 외교문서에 관한 일을 맡아 보던 승문원(承文院)과 경서(經書)의 인
쇄 및 발행을 맡아 보던 교서관(校書館)에 각각 두었던 정3품의 당하관(堂
下官).

판서判書 : 육조의 장관으로 정2품 관직. 1405년(태종5)에 설치하여 1894년(고
종31)에 폐지되었다. 개국 초에는 전서(典書)로서 지위가 낮아 정치에 깊
이 참여하지 못하였기 때문에 1405년(태종5)에 판서로 고치고 품계도 정2
품으로 올려 의정부에서 관장하고 있던 실권도 물려받았다. 지방 행정·군
정·외교 등을 위한 도순문사(都巡問使)·도순찰사(都巡察使)와 중국에 파
견되는 각종 사신 및 중국의 칙사를 위한 각종의 지대사(支待使) 등에 차
출되었다. 문한(文翰)에 뛰어난 경우는 경연·성균관·춘추관의 지사(知事),
홍문관과 예문관의 대제학 및 세자시강원의 좌·우빈객(賓客)을 겸대했다.

헌납獻納 : 사간원의 정5품 벼슬. 여타의 사간원·사헌부·홍문관 관원과 함께 각
종 언론 활동을 전개하였다.